祕密瑜伽士的日常

國寶級西藏瑜伽士讓你照見最純善、最真實的心性

多傑仁卿 喇嘛 ____著

第九世嘉華多康巴（康祖法王）。

與第八世法王親同手足的第十六世大寶法王（上圖），以及法王摯友不丹國師頂果欽哲法王（下圖），分別入定觀察結果共同認證，確定其為康祖法王再來人。

（由左至右）安諦長老、德頌仁波切及森多長老。

德頌仁波切是潛修中心給予灌頂、引導講解的上師；安諦長老是潛修中心指導「大手印」、「那洛六法」的師父；森多長老則是作者的藏文啟蒙與背經老師。

三年閉關期間，恰逢阿帝仁波切蒞臨潛修中心給予指導。阿帝仁波切是第一世康祖法王的三大弟子之一，這一世的阿帝仁波切曾將本派的所有傳承法教再一次獻予法王。

作者在潛修中心最常親近的（左起）森多、安江、安諦、阿曲等四位長老。

康巴噶寺大殿，由第八世康祖法王親自設計、監造完成。

金剛亥母神殿。殿中供奉著懸浮在佛桌上的金剛亥母佛像。

供奉第八世法王荼毘後聖骨的尊勝塔，奇蹟地在塔中頂端長出菩提樹。這是法王的大菩提心，永遠普及無邊法界暨廣度眾生的表徵。

遠眺北印度喜馬恰州剛拉地區的札西炯（Tashi Jong，意為「祥瑞地」）。

世界上「唯二」的漂浮金剛亥母佛像，另一座在不丹。此座高逾五呎的泥塑佛像，底部與佛桌有著約一指寬的空隙。

緣由是安諦長老在參拜不丹的亥母佛像後讚歎不已！當時第八世法王承諾：「若你能造一尊，我會讓佛像也浮起⋯⋯」長老銘記此言。之後設法四處化緣，終於完成這尊莊嚴的金剛亥母佛像，而法王也實現了諾言讓佛像浮起！

長壽天女五姊妹是居住於墳林的世間空行母，實際上即是具備著救度眾生誓言的如來、金剛、珍寶、蓮花、事業等五部空行，從根本上來說，即是能令諸佛歡喜的五大妃。五大妃不是真的五個天女，而是地、水、火、風、空五元素，無論外境、身體皆以此五種元素而成，清淨之後，其本質即為源源不斷的大樂，以此說為五尊明妃或空行母。

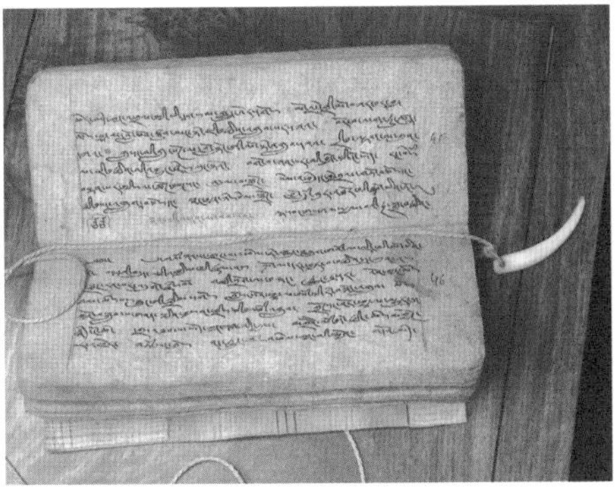

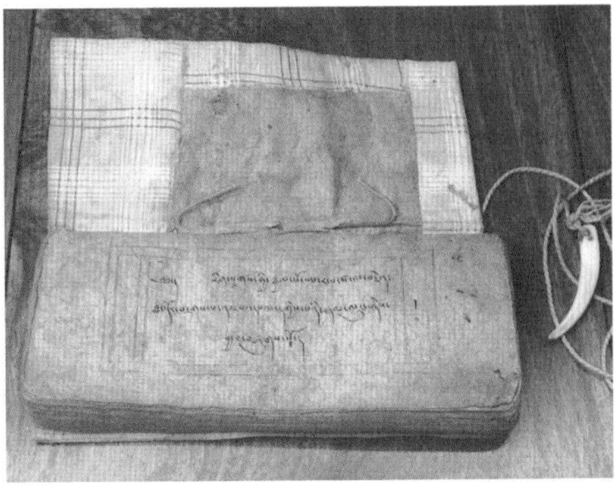

文殊占卜法之解卦典冊。此乃阿曲長老年少時，由其兄長親手書寫而成，後贈予作者。

裝藏時，須先以紅花水清洗佛像內部（下圖為紅花），而後裝入經卷（左圖）。經紙尺寸只有一種，故必須先一張一張裁剪，才能捲成各式尺寸合適的大小圓筒。

圓筒必須捲得扎實，再逐個配合放置到相對應的部位，力求盡量塞滿內部的中空，直到沒有縫隙為止（下二圖）。

阿曲長老曾數次來台弘法，由作者擔任口譯。

安江長老（1912-1999），出家七十多年，刻苦修行將近一甲子，堅持噶舉巴的瑜伽宗風，一輩子住山修持，以專注實修奉行利他。

作者於金剛亥母潛修中心。

2012 年初作者帶領請法團回寺時，前往探望森多長老，與長老閒話家常。

是年年底長老入定示寂，荼毘後得彩色舍利及海螺形舍利。

長老閉關關房。左邊有紗門的是森多長老的關房，右邊則是安江長老的關房。這是十年前的照片，三十年前更是簡陋，沒有紗門，門口僅一面白布簾。

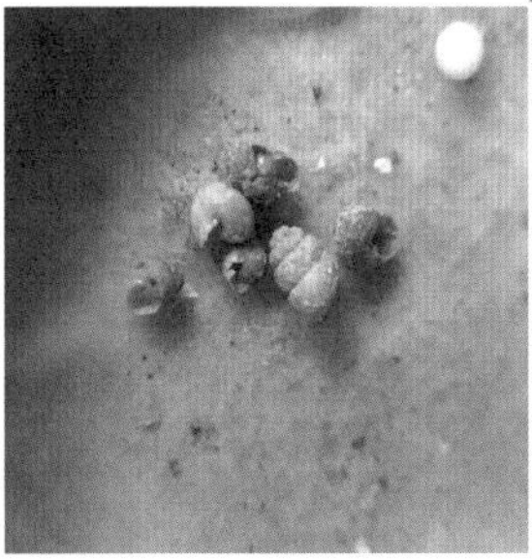

安江長老圓寂後，燒出最稀有的海螺舍利，約米粒大小（0.2 公分）在放大鏡下看，造形生動，唯妙唯肖。

安江長老舍利塔。

安江長老圓寂出定後，聖體縮小到可置入小木箱（約 60 公分見方，深 90 公分）中（白布覆蓋），頭上仍帶著法帽。

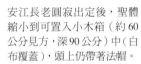

目錄

曲嘉甲措仁波切 序

如同薄伽梵[1]在《特別說集經》所說，若予觀察虛空遍及的一切顯有，當知無有再比心更加重要。至於自心，即如經云：「自性即為自怙主，餘誰能成己救怙?!」自己要前往三善趣[2]，或要墮入三惡趣[3]，抑或是證得解脫果位與否，全是由自己的心來做決定的。

此故，身、口、意三門當中，最重要的是心！在十善[4]裡，心中擁有信心與清淨心是最

1 薄伽梵：佛的名號之一，意為壞有出。「壞」煩惱魔、五蘊魔、天子魔、死魔等四魔；具「有」自在、熾盛、端嚴、名稱、吉祥、尊貴六功德；「出」離輪迴、涅槃二邊繫絆，此號含攝上述斷證功德。

2 三善趣：天人、阿修羅、人，以具我慢、嫉妒、貪欲煩惱心所積善而感生六道的三種去處。

3 三惡趣：地獄、餓鬼、畜生，以具慳吝、瞋、癡等煩惱心所造惡而感生六道的三種去處。

4 十善：見5.十不善。

為關鍵的，為什麼呢？因為十不善[5]裡面，再也沒有比邪見的罪業來得更加深重[6]的了！

邪見又可分為明顯易見的大邪見（例如毀謗佛、法、僧三寶）、較無明顯的小邪見（例如對於自己求法的上師想著：怎麼那麼兇啊！）、隨眠邪見（雖然不信因果與前生來世，依舊以佛教徒的身分度日）以及伺機而出的邪見（悄悄地躲在內心的深處，隨時可以被惡友轉變）等等，多種不同的差異。

總體上，所謂的邪見是指窺見過失，摻雜著心生不喜與見到過失，聚集著憤怒、怨恨、我慢等種種的過患，就稱作邪見——這也不對，那也不是，這也不好，那也不行，鄙視、嫌棄這個，這有這樣的缺失，那有那樣的厭惡，會有著這種種的想法，都可歸納在邪見的範疇內。

當然，見過失為過失並不是邪見，然而，基本上對於他人的功德，自己完全摻雜著不喜、瞋心、我慢，以險惡的鄙夷心態完全無視於他人的優點，就算是功德也能看成是過失，唯見他人過失，就稱為邪見。

5 十不善：屬於身、口、意三門所作的罪業，身業三項、語業四項、意業三項。殺生、偷盜、邪淫屬身業；妄語、兩舌、惡口、綺語屬語業；貪心、害心、邪見屬意業，完全遮止、避免造作此十事，即是十善。

6 偈云：「殺生罪業最深重，邪見之上再無他。」

對治的方法就是清淨相。若有邪見，就會造成三昧耶戒[1]的敗壞，所以再也沒有比邪見更重的罪業了！確實的對治法就是清淨相。信心、清淨相、勝解心，歡喜心、慈愛心，這些都是可以對治邪見的。

雖然信心、勝解心是（邪見的）對治法，但是知識普及的現代人會說「上師勝解心」是藏地的上師自己創作的宗派，其實這是極大的誤會與不理解！因為，「上師勝解心」或「上師相應法」[2]是藏域密乘不共的法教。

在印度教雖然也會向上師祈請，但是卻沒有像我們這樣地秉持信心、清淨相。特別是竹巴噶舉，在藏域的「八大修持車輿[3]」當中，沒有比竹巴噶舉[4]的（上師）修持法來得更多的，沒有更多的最主要原因在於，（本派）藉由（秉持）上師勝解心而出現了許多（與其相

1 三昧耶：是梵文samaya的譯音，意為「誓言」，亦即如同金剛不可摧毀般的堅固，比喻為不可逾越、不可違犯的誓言，故稱三昧耶。

2 「上師勝解心」或〈上師相應法〉，也稱上師瑜伽。此段，仁波切的意思應該是指「上師勝解心」並非藏地自創，而是佛教共同的，只是藏傳佛教發揮得更加淋漓盡致的意思！

3 八大修持車輿，亦可稱為八大實修道統。分別是：寧瑪、嘎當、薩迦、馬爾巴噶舉、香巴噶舉、能滅（斷法）、六合（時輪金剛）、誦修（烏金巴尊者在烏金空行境中，蒙受金剛亥母親賜的即生成佛的口訣）。

4 竹巴噶舉：由臧巴甲惹尊者所創立，甲惹尊者是凌卿惹巴尊者的弟子，凌卿惹巴則是帕摩主巴的弟子，帕摩主巴則是岡波巴的弟子。岡波巴創立達波噶舉，帕摩主巴創立帕主噶舉，凌卿惹巴創立凌惹噶舉。帕主噶舉隸屬四大，凌惹噶舉隸屬八小，傳到臧巴甲惹，改名為竹巴噶舉，所以嚴格說起來，竹巴噶舉不在四大八小的排名之內。

應的）修持法。

為什麼會這樣呢？因為竹巴噶舉明白在一切密咒法門當中，上師勝解心是捷徑，是不共之法，所以格外勤奮修持，以此為引導，以此為觀修，（上師勝解心）已是萬鈞有力的主修之法，眾人皆以此法在今生即得成就，所以，理所當然也成為了不共的強力依止而成就證果之道。

這並不是我個人恣意的吹捧，實際情況能從本派的引導、口訣，以及可以現量親眼得見的瑜伽士[5]們獲得驗證。

我所要說明的是，比方說，像是安江長老（一九一二～一九九九）、安諦長老（一九一九～二〇〇五）、森多長老（一九二七～二〇一二）、阿曲長老（一九三三）、策旺惹增長老（一九二五～一九八九）、侯薩長老（一九一八～二〇〇八），以及稍早之前的曲雷長老（一八九一～一九七六）、索巴長老（一八九六～一九六一）還有唐秋長老（一九一八～一九六三），諸位瑜伽長老皆是從我年幼時就已接觸熟識，一起生活而親見的。他們言行舉止也好，或是心中的想法也好，藉由經年累月的親眼所見，讓人知道雖然（瑜伽士）隱藏著功德，但是如同陽光照射無法隱藏而顯現在外的功德是什麼呢？就是（對）上師（的）勝解心！

5 參見32頁。

有許多閉關多年的人，也有許多可以把《大手印》[1]、《大圓滿》[2]說得舌燦蓮花、精闢融通的人，對於輪迴世間的飲食、衣物不生眷戀也是大有人在，比方說像是裸形派[3]的行者，甚至就連杯子、針線都不會收在身邊（遑論其他財物）。

心無貪婪的人多的是，精進勤毅的人多的是，通曉經論的人多的是，觀修生起次第[4]的人多的是，觀修圓滿次第[5]的人多的是，歷經長年閉關修煉的，也是大有人在。然而，最主要是，能滅盡十不善裡心中的邪見而得徹底解脫，從根拔除邪見之法，就是確實修持上師勝解心，（藉著修持）也出現了徵兆者，屬以上所說的那些位（瑜伽士），是真實可見的！

看看（瑜伽長老）他們對於根本上師有多少的信心？有多少的清淨相？無論根本上師說了什麼，絕無絲毫邪見與疑惑，全然令人讚歎的啊！

1 大手印：輪迴、涅槃萬法，無一法可超越深奧空性實相之上，故稱「大」；輪迴、涅槃萬法，無一法可超越深奧空性實相之範疇，猶如於彼中頂禮，故稱「手」，契入此空性實相，即得破除輪迴網絡束縛而解脫，故稱「印」。

2 大圓滿：從大角度而言，眾生的心續本即存在本初識，也稱本初覺，輪涅萬法均不超越其本質，由其本色顯現而圓滿；從一個士夫小的角度而言，成佛時的身、語、意、功德、事業等，屬於自己福緣的聖身與剎土，均在此本初覺的狀態中完全圓滿，因此稱為「大圓滿」。

3 裸行派，是印度自古即存在的教派，不以裸體為羞恥，又稱無慚派；倡導不執著身體、物質，以灰塗身，也稱塗灰派；四處流浪乞討，亦稱周遊派。

4 生起次第：藉著將自身觀為佛身，能破除對庸俗身體的粗大執著，既能滅除執空的斷見，亦能關閉六道生門。

5 圓滿次第：能破除對生起次第佛身的細微執著，既能滅除執有的常見，亦能破除無明而成佛。

即使是新進的瑜伽士們，我雖然並不全部熟識，但是例如圖拓尼瑪、蔣措、主舉、赵磊棍恰、雷殿長老等等，（所秉持的勝解心）也是令人驚訝的，其他新的瑜伽士們我就更不熟了，不熟悉的事情就不能亂說，否則就是打妄語了！但是他們（在勝解心上）絕對也是優良的。不過，我所熟識的那些瑜伽士們，十足體現了願文裡面所說的「傳承命脈願得持！」他們確確實實是執持了祖師大德們的傳承宗風的瑜伽士！

在這兒，我所要表達的是，過去的瑜伽士，像是安江長老、安諦長老還有曲雷長老等——我沒有按照輩份說出諸位長老的名號，但是他們是一樣殊勝的！為什麼我深信且對於他們有著不共的信心呢？因為他們的上師勝解心已得臻標準——勝解心得臻標準是說，已達無上，無法再超越，就稱為得臻標準——帕摩主巴[6]（一一一〇～一一七〇）祖師說過：「勝解心若已得臻標準，就算在中陰一無所知，然而由於（勝解心）是一可（有此即可成辦一切之道，因此即可徹底避免迷亂而得解脫。」

當然，瑜伽士們除了修持竹巴噶舉的「普應珍惜口訣——上師相應法」，也是遵循傳規，從共同加行[7]的思惟開始，到四不共加行[8]的實行，以及生起次第、圓滿次第乃至於《那洛

6 參見附錄01。
7 共同加行：暇滿難得、生死無常、業力因果、輪迴過患，以此加強堅定學佛的信心。
8 四不共加行：皈依禮拜、百字明咒、曼達供養、上師瑜伽，前二項淨除業障，第三項積聚資糧，第四項獲得傳承與上師的加持，這一切是明心見性的條件。

六法》[1]，都是依序的觀修。但是因為「上師勝解心」是竹巴噶舉的精華醍醐，是特別不共法門之故，於是瑜伽士們即予觀修而生出了徵兆，以此邏輯，具備證悟是現量可見的。

若有火焰，炙熱必定同時產生，這是無需爭論的，絕不會有了火焰卻無溫度，出現太陽卻無光芒的情況。因為瑜伽士們的上師勝解心已經得臻標準之故，證量也必定已經得臻標準，這是毋庸置疑的！

這是為什麼在自己的內心對瑜伽士們會有深切的信心，這也正是之前表述我對瑜伽士們有著不造作、不共的信心的原因。除此之外，並不是因為他們閉關多年，也不是因為刻苦勤修，絲毫不懷疑他們有著大手印的證量，主要是因為他們有著得臻標準的上師勝解心。

我的內心一直如此毅然地認定，當我觀察內心時，獲得了以上的答案。以此之故，這也是為什麼竹巴噶舉會一直出現眾多成就者的根本緣由。能以上師勝解心而產生的證量，是絕不會摻雜世間八法，也絕不會有我執的，因為就像光明與黑暗無法同時存在的道理，大手印的證量與俱生無明也是互相違背、無法同住的。

因為有著這樣的證量，所以必定是佛陀具足性相的弟子，我篤信即使釋迦牟尼佛在世，這就是當時所謂的具足性相的弟子了啊！這正是為什麼我信心十足的原因，至於，對於所有

1　那洛六法：由那洛巴尊者所傳而得名，原為八法，計有拙火、幻身、睡夢、光明、遷識、中陰、奪舍、大樂等，然而奪舍失傳，大樂禁修，所以稱為六法。

根本上師的信心就不必再多說了，僅是他們的弟子（瑜伽士），我已經有著驚嘆不已的信心了！

當然，有人會說，你對誰有著驚嘆的信心又有什麼好驚訝的啊?!就像在前一世 阿帝仁波切（一九三〇～二〇〇七）的《教言集》裡面所提到的，我本人是「三海」[2]的主谷法王海（曲嘉甲措）的轉世，是由前一世的 確袞仁波切（一八八五～一九六四）與 十六世噶瑪巴（一八二四～一九八一）所認證，再由 第八世康祖法王在藏地的主谷寺陞座，並且直至法王圓寂前，終其一生對我悉心照顧，如果真的不是那麼一回事，應該頂多也只是像育幼院那樣給予衣食的撫養，而不會攝受我，賜予引導、口訣了。

法王會如此寄予厚望，當然是因為認為這個人可以做為「三海」的祖古，以此，我解釋了為何我懷抱著信心、勝解心的原因，這不是一個流浪漢的無聊話語，而是我了解到竹巴噶舉教法的精華所在而作的闡述。

如果再次地說明為何我對瑜伽長老們有著得臻標準的勝解心，眾生怙主 帕摩主巴曾經請示過無比的 岡波巴大師[3]（一〇七九～一一五三）一個問題。

「請問，精通佛法與品行純善，何者為要？」

---

2 三海：第一世康祖法王法緣興盛，教化眾多弟子，其中證得大成就者有「九海」，亦即法名中有「海」字者，九海中又以吉噶爾福德海、初喜事業海、主谷法王海三位最為優勝，合稱「三海」。

3 參見附錄02。

「這二者當中，當知是以人的品行純善最為關鍵！」岡波巴大師說：「一個人的品行若非純善，不但自己在佛法中的修持無法有所進步，也會有意無意地多次傷害他人，連帶地會讓他人也因此造下惡業，因此，人的品行必須純善是非常重要的！」

誠如祖師所云，以上我所提到的瑜伽長老們在為人的品行上是極為純善的。如果在為人的品行上並非全然純善，絕對無法成為一個良好的佛教徒。為什麼瑜伽士在為人的品行上是極為純善呢？因為在過去世曾經累積了廣大的福德資糧，所以在暇滿人身中，更是獲得殊勝的所依，也因此在為人的品行上不會有邪見、懷疑，他們以優勝的暇滿人身之福德力尋得具足性相（條件）的上師，確實理解也修持了口訣。

這是往昔所造之因於今日所成之果。往昔所造之因於今日所成之果已如上所說，想要得果的最勝方法就是上師勝解心，所證得的當然就是聖意的確實解脫，證得的理由是過去世已先逝去的因所產生之果——積聚資糧、淨除罪障，特別是積聚了廣大的資糧而獲得了優勝的暇滿人身，也因此才有純善的為人之品行。

以上（有關品行優劣）是以無比 達波仁波切[1]教言為基礎而說，絕不是我自己編撰胡說的。

1 達波仁波切即 岡波巴大師，曾蒙釋迦佛於《三昧王經》中授記，是 密勒日巴尊者之大弟子，亦是噶舉四大八小傳承的祖師，在教理與實證上，岡波巴大師有著極為優異的造詣。參見附錄02。

二〇一八年四月六日

主谷曲嘉甲措仁波切 口述

多傑仁卿 字譯

〔自序〕百千萬劫難遭遇

回憶與安江相處的過往是一件悲喜交融的事，除了往事歷歷在目，似乎重溫與長老相處的日子而倍覺歡欣，如此殊勝的行者與難得的際遇，不但此生不再，亦如開經偈所云：「百千萬劫難遭遇」，因此，蓄藏多年後，有感而發傾注於紙上。

這些回憶從二〇一六年六月開始發表，近四年來，陸陸續續寫了二十多篇，在網路上發布後，一篇篇短文獲得了無限溫暖的迴響與更多的友情。其實，最初僅是寫些回憶，也沒料到會受到大家的期待，為了能利益自他，後期內容多著重於學習的過程。不過，為了彰顯與網路上的不同，特別寫了一篇《等味拳法》的閉關內容，未在網路上公布，算是彩蛋吧！

這篇由第八世 多康巴所撰寫之《祈請上師文》，內容殷切優美，既是 多康巴自己祈請上師之精髓，亦是教導後學如何祈請之圭臬，可作為本書的主題，也是本書主角安江長老的最佳寫照，茲譯為中文且以白話略為解釋。

意者普遍離戲法身之鑒界，語者普明無礙受用之圓身，

身者隨機應現化身之自性，三身合一遍主上師彼知矣！

尊之聖意即是空性普及虛空無所不遍之法身，鑒知過去、現在、未來三時於同一法界；尊之聖語即是悲心普能明顯無所阻礙，五種受用圓滿之報身；尊之聖身即是尋聲救苦隨機應化嬉戲示現之化身，救度六道有情之自性。法身、報身、化身三身合一百部遍主之根本上師，乞兒我的一切苦樂彼皆遍知矣！

佛暨彼子幻化無別之上師，壇城海之嬉舞新舊之本尊，

三處護剎勇父空行之聚眾，總集一可具德上師彼知矣！

三世諸佛暨其聖子菩薩幻化出不同派別的上師諸眾，壇城繁多廣大似海，即如嬉戲舞蹈無有間斷之新舊諸續之本尊天眾，在天上、地上、地下三處護衛剎土之勇父、空行等之聚眾，縱然繁多不可思議，亦是總集於一體，有彼即可的具德上師所現，深知上師功德的乞兒我之一切苦樂，彼皆遍知矣！

惡業飄盪輪迴迷路之士夫，昔迷所亂欺瞞今亦復如是，
若唯流連而行則於苦海中，永無解脫之期祈以悲垂視！

無始以來，因為愚昧無知造作種種惡業以致久遠劫來飄盪於輪迴，不知反觀自心實相而迷路於六道之士夫，往昔縱已因為迷失自心，被煩惱三毒所亂，受其欺瞞擺布，備嘗苦苦、壞苦、行苦……深知此生若唯流連於煩惱三毒而行，則生生世世於生老病死浩瀚苦海中，永無解脫之期，然於現今亦不知悔改故態，祈上師於恆時中以大悲之眼垂視我！

暇滿人身寶唯僅一次可得，彼亦何時逢死於今全不知，
無欺因果處中尋得深信已，於有生起出離祈以悲視兮！

具備十有暇[1]八圓滿[2]的人身寶唯僅此生一次可得，然而，無常形影不離之故，縱於現今亦是無從知曉，此難得之身將於何時遭逢死緣而失去；從絕無欺瞞的因果諸處中，尋得深切信心而堅定已，於此無盡輪轉的「有」（輪迴）中，了知苦痛的本質，由衷生起殷切的出

1 「生於中地而為人，諸根具足信佛法，業際無顛倒究竟，此五是為自圓滿。」五自圓滿：首先獲得人身，生為南瞻部洲的人，具足男人或女人之根相。第二、生於中地：若以地域而言，雖是單指印度金剛座與王舍城等六城市，在此以法域為主，因此生於釋迦教主清淨佛法昌盛所在之境。第三、諸根具足：並非癡呆或聾啞，六根具足。第四、對信心處生起虔信：對佛陀所說的法能生虔信。第五、業際不顛倒：在此生未曾造作重大罪惡的無間業，如此則具足五種自圓滿。

「佛陀降世且說法，教法住世入於彼，能為他故憐憫心，此五是為他圓滿。」五他圓滿：首先佛陀降臨於世間：百千多劫的黑暗劫中佛不出世，在此光明賢劫有千佛出世，這當中大悲釋迦牟尼應世。第二、佛陀說法：即使出現幾萬尊的獨覺佛亦不說法，此次尊貴的教主依序大轉法輪三次。第三、教法住世：過去迦葉佛圓寂七天後，教法隨即毀滅，釋迦教法卻仍將住世十個五百年。第四、得以進入教法：到了佛法末期，佛殿中雖還置放佛經，卻已無人進入法門，但現在尚多進入法門者。第五、他人的關愛：眾多秉持利他之心，來為他人說法者。具足以上自他五種圓滿為十圓滿，加上八有暇，稱為暇滿人身。

2 八無暇：「地獄餓鬼暨畜生，邊地以及長壽天，邪見不值佛出世，瘖啞等為八無暇。」這八處的地獄、餓鬼暨畜生是三惡趣，地獄被猛烈的寒熱痛苦所折磨、餓鬼則屬焚心的自性、畜生則是多屬愚痴無有慚愧者，若生於此三處，則屬痛苦的本質而無法學佛。長壽天屬於無識以及生起違緣邪見與我慢現前處，欲界與色界諸天人又因沉迷於歡樂與受用，而無學佛的機會。邊地者以宗派而言如大食等等。若以地域而言，諸邊地者雖現為人相，卻行事如畜牲，不知行於非法，故不被法調伏而無知。瘖啞者因為心不清明沒有意識所以不解佛法。邪見者生於外道種姓，因此生起顛倒念而不認為佛法真實。佛陀不出現的世間，則是生於黑暗劫、生於洲隙、生於無佛出世的人間，而無佛法可聞。如是遠離八種過失則為有暇，是堪能修持佛法之所依。

離心，祈上師於恆時中以大悲之眼垂視我！

無欺三寶無離供養於頭頂，眾生知為母矣憶念彼恩已；
以慈與悲生起利他菩提心，能入大勇之行祈以悲視兮！

願與慈眼垂視眾生如獨子且無欺瞞之佛、法、僧三寶永無分離，並於二六時中恭敬供養於自己的頭頂；確知六道眾生皆曾為慈母竭誠照拂，悉心呵護於我，並於時時刻刻得以憶念彼眾宿世之大恩已；以同體大慈與無緣大悲由衷生起真正的利他菩提心，願能秉持無所畏懼、退卻之心入於大勇之度眾菩薩行，祈上師於恆時中以大悲之眼垂視我！

性中裝束本具心性之體性，離諸遷轉戲論正淨之見地，
顯密一切深道究竟之終點，速證祈令得執法身穩固位！

在本性中，裝束原本即具足於心性之體性，無須刻意尋覓，了悟如來藏離諸生滅遷轉，確實遠諸鋪陳戲論，此純正清淨之見地——能得速疾證悟顯乘密宗一切深奧道中究竟之終點，由衷徹骨祈求令乞兒我得以執持法身穩固之果位！

以上所述，乃是祈求上師與傳承祖師的正確方式，八世法王如是祈請上師，安江亦如是祈請上師，因為生起清淨的勝解心而確實解脫，我等也應當遵循前人的足跡如是祈請，這是最殊勝的路徑。

雖然瑜伽士的高深修持讓我等深深欣羨卻無法企及，但在此，惟願將我在寺院十幾年來的所見所聞，以最真實的文筆擷取精要，真誠地與諸位朋友分享，冀望藉此讓眾人明瞭密乘正確之義，確實契入瑜伽實修宗風廣利自他。

多傑仁卿寫於二〇二〇年 薩噶達瓦 氐宿月 台北道場

瑜伽士

瑜伽士並非是只求筋骨柔軟、身心舒展長時定住的冥想者；亦非一般娶妻生子的在家咒士，什麼是持戒比丘瑜伽士？

瑜伽是梵文 **Yoga** 的音譯，意為「相應」，亦即「澈見本初心」之義；瑜伽士在梵文稱 **Yogi**，即是澈見本初心之義者。

經云：「如來藏遍布諸有情。」如來藏即是本初心，本初心即是自心的實相，也就是明空不二的本體，亦即佛性，簡單來說就是覺知。

於此，無需改造調整，遠離所有對治方法，體性超越識別，不被任何善惡念頭所染污，輪迴、涅槃之作者，生死幻相之根源，此即自生本智，明然、湛然、清然、本然，即是自心實相。

瑜伽士澈見此義而恆常安住於中，故而不被死亡、煩惱、憂苦、疾病、念頭、鬼神所擾，內心安然自在，境相通透無礙。

（由左至右）森多長老、安諦長老、阿曲長老。

最初以《轉心四思惟》體悟萬法無常，不貪執輪迴，徹知六道有情皆曾為我母，由自己所受之苦，明瞭他人的感受，為求報恩，進而產生「為利眾生願成佛」之真實菩提心。

以出離心為基礎，菩提心為動機，抱持上師與心性無別的勝解心，刻苦修持淨化執著亂相的「生起次第」，以及破除執著生起次第為真實的「圓滿次第」，也就是以生起、圓滿二次第圓融的修持，淨除罪障、累積資糧，滅除我執、無明而開顯自心的佛性。

同時，秉持基位無變、道位無礙、果位無亂的《大手印》，確立唯此無他的見地；為求加速自利利他，以大勇猛心，捨棄衣食、名聲之貪戀，終其一生觀修《那洛六法》——「拙火」道之基礎，「幻身」道之命木，「睡夢」道之暖量，「光明」道之精要，「中陰」道之把握，「破瓦」道之前迎，以此無上甚深法門，打開體內脈輪諸結，淨化業氣為智氣，超越三大無量劫的成佛之限而得解脫之把握；終生以《六等味》[1]為行為圭臬，煩惱、憂苦、疾病、念頭、鬼神、死亡皆為道用，確實達到即此一生即身成就佛果的目的。

這就是珍愛他人勝過自己，真正的人天福田，令人尊崇的瑜伽士。

1 此六種情況含括一生中的境遇，瑜伽士以「等味」心態平等對待，稱為「六等味」，《六等味法》是竹巴噶舉特有的法門，以行者在一生中所需面對的六種考驗做出對應，分別是：煩惱轉為道用、妄念轉為道用、疾病轉為道用、鬼神轉為道用、痛苦轉為道用、死亡轉為道用等，世間所厭惡、排斥的六種逆緣，以此法門，不但讓心理常保平衡不受動搖，且更進一步應用於行為上而積資淨障，稱為轉為道用。詳閱十八章之道歌全篇。

安江長老小檔案

安江長老（一九一二～一九九九），全名是江揚洛祝，藏人以「阿」音冠其法號第一字為尊稱，阿江即成安江。

十一歲時，在第七世嘉華多康巴座前剃髮出家，十五歲時背誦完成法會的儀軌經典，之後學習食子、曼陀羅、唱誦等等儀軌事相。後於二十七歲時，向寺方申請入關專修，得到批准進了大密一見解脫林修習傳承法要。初從明卓長老處聽講《轉心四思惟》和《四加行》，踐行觀修。

閉關期間，曾誦持了壹仟萬遍的金剛薩埵《百字明咒》，另外各種心咒也都持至十萬或百萬以上的數量。接著本尊咒圓滿後，則專修《拙火氣功》、《拳法》及《大手印》。

四十六歲時，遵奉第八世法王的諭示離開康巴噶祖寺，偕同幾位寺僧先到錫金等候。法王抵達印度後，就隨侍著法王，直到法王圓寂。

出家七十多年，刻苦修行將近一甲子，堅持噶舉巴的瑜伽宗風，一輩子住山修持，以專注實修奉行利他。

一生圓滿了一百六十萬拜的五體投地的大禮拜。直到七十四歲前，維持每天五百拜的習慣，之後改成每天一百拜，再因體力漸衰，在八十五歲後，又減至一天五十拜，直到圓寂前十天。

圓寂後，入定三天，出定置入木箱十天，荼毘前，聖體縮小；荼毘後，眼睛、舌頭、心臟皆得火化不爛且燒出海螺等多顆舍利。按續中所言，燒出海螺舍利乃是證得七地菩薩的瑞相，如此修行，令大眾讚歎不已。

三位長老：(由左至右)安江長老、安諦長老、森多長老。

有上師指導的時候，要盡量把握良機，竭力承事、請示實修時的疑惑，不要等到上師圓寂入滅離開人間了，那時再大做什麼功德，廣辦什麼法會，一切都為時已晚矣……

01 清貧生活中的純善

看著三位長老的照片（見前頁），別人頂多覺得是彌足珍貴的老照片，但是，在我看來卻是感觸良多，心中的回憶，如同漣漪層層湧現！

當初他們還在世時，除了觀修《鐵水閻王敵》的安諦長老，我從未覺得安江與森多長老有多麼地殊勝，僅僅認為他們是心口如一、言行一致的修行人，值得我尊敬的長者而已。

對於安江長老，是當作像爺爺或是爸爸，還是無話不談的密友的心態在對待。我對他沒有任何祕密，包括對於經文或咒語的領悟，乃至於年輕時覺得村子裡哪個女孩子很漂亮，怎麼偷瞄了對方，或者甚至是上廁所的戰況如何，無不鉅細靡遺地敘述報告。

雖然這一輩子能夠受到完全信任的長輩的疼愛是很幸運的事，更何況也有幸蒙他指導過一次的三年閉關，絕對是別人沒有的際遇，可是在心目中，還是沒有把他當作如佛的上師來服侍。

年輕時，可以隨意對安江長老任性賴皮，他永遠不會生氣，對他的愛遠遠超過在修法上該有的信心。雖然從世間法層面來說，這已足夠也很純真感人，但是從佛法層面來說，還是遠遠不足的。

講這些是要提醒眾人，有上師指導的時候，要盡量把握良機，竭力承事、請示實修時的疑惑，不要等到上師圓寂入滅離開人間了，那時再大做什麼功德，廣辦什麼法會，一切都為時晚矣……

疼愛但不會寵愛

我最記得去了幾年之後，有一天閒聊時，安江長老用他一貫緩慢的語調，慈愛地跟我說：「你剛來時，我就跟森多說，這個小孩離鄉背井一個人來到這兒，舉目無親的，我們應該要在這第一年好好的照顧他，不要讓他覺得不好過……！」

聽了之後的反應是問長老：「安江，那第二年呢？第二年就不用照顧了嗎？」直呼長老為安江，並非不敬，康巴人習慣在人名前，取第一個字再加「阿」音為敬稱，長老全名為江揚洛祝，所以阿江為敬稱，在發音上就變成安江了。

他揮揮手說：「不用了！來了一年，你就對環境熟悉，會自己找到出路了～」

呃，本來聽了很感動的……

不過這就是康巴人的作風，照顧你但是不會過度寵你。

話雖如此，其實我覺得安江長老對我已經做到康巴人的疼愛極限了，一直疼我疼到老人家圓寂。

長老常會私底下對我說：「你是我在六十歲生的兒子喔！」也會在別人在時，指著我說：「這是我兒子喔！在六十歲的時候生的。」他大我一甲子。有時候我也會故意問他：「誰是我媽？」「你媽是森多！」安江永遠都是這個答案。

有一次當我又這樣問他的時候，森多長老剛好走過窗邊，安江長老馬上叫住他說：「森多，這是我們的孩子，你是他的媽媽喲～」

當時我正處於背經[1]期間，還是森多長老的學生，可能是為了保有師長的威儀，他不會跟我說笑，眼神定定看了我一眼，什麼都沒說，然後面無表情逕直走進自己的關房了。

不可以當上師！

說到照顧，安江長老是很會照顧人的。

打從一九五七年藏地動盪，前一世的法王率領僧眾來到印度，直到一九八六年我去寺院的時候，將近三十年過去了，雖然瑜伽士們依然很窮，但是因為安諦長老是閉關中心的領袖，

1 康巴噶建寺以來，規定必須背誦法會所用儀軌，分別是各類願文總集，傳承護法神儀軌、勝樂金剛儀軌、瑪哈嘎拉儀軌等，一共有四部。

既能給予法教上的引導，又會幫人消災驅魔，雖然不收弟子，不給灌頂，但已經差不多是一位上師了，所以他那兒總會有一堆信徒供養的東西，吃的喝的應有盡有。相較起來，安江長老是個乞丐，他那兒除了糌粑[2]，幾乎什麼都沒有。

我曾經跟安江長老抱怨過：「為什麼您這兒都沒有像安諦那邊有好多吃的？每天再怎麼吃都只有糌粑啊?!」抱怨歸抱怨，其實，我是很喜歡吃糌粑的！

安江長老露出和藹的笑容並回答我說：「因為安諦長老是上師啊！所以就會有很多供養啊！」

「是嗎？」我說：「那您也可以當上師啊！您入寺為僧與閉關都還比安諦早，不是嗎？」

「不可以當上師！不可以當上師！」安江突然收起他的笑容，連連搖手，一本正經地跟我說：「你不要去當上師，當人上師是要下地獄的！」

「為什麼？為什麼當上師就要下地獄？」我心裡納悶：「不是到處一堆上師嗎？」

安江也不解釋原因，只是告訴我：「我不當上師，如果你不想下地獄，最好也不要當上師。」

不過，雖然沒什麼太多好吃的，在森多長老身邊讀書背經的五年期間，安江長老還是與我分享了所有的食物。

2 糌粑就是青稞粉。

青稞粉的藏語叫做「糌粑」，也有人譯音「臧巴」。傳統的吃法：在早上喝早茶時，必須要和入奶油，在碗內一同放入奶油跟青稞粉，再用手去捏，才會融合一體，康巴話叫做「珠瑪」，散發著濃郁的奶油香與青稞香味，是很美味的藏式早餐。

理論上，我已學到可以把「糌粑」抓成「珠瑪」，可是畢竟是新手上路技術不甚好，常常灑落一地的粉，為了避免紅裙變白，試過幾次之後，我就放棄了，都讓安江長老代勞，盡量避免沾手糌粑。

手抓糌粑時，為了避免弄髒床鋪，安江會先鋪好一塊灰色的手帕；手抓糌粑後，再把掉落在手帕上的糌粑倒入碗內。我後來才知道，手帕本是白布，只是在經歷印度每年雨季潮濕氣候的侵襲，長了洗不掉的黴菌。不過也還好，吃了那麼多年，也沒生過什麼病。

時間一久，安江偶爾會在手抓糌粑的前後，半開玩笑說：「你下山的時候，不要告訴別人說我幫你搓「珠瑪」，不然對你那麼好，人家會懷疑你是我在外面偷生的！」

「呃……」本寺的瑜伽士都是比丘，哪兒來的私生子？長老言重了！

森多長老看到幾乎都是安江長老在幫我手抓「珠瑪」，有一次就當著安江的面對我說：「你自己也要學著怎麼用手抓，不然以後誰幫你?!」

心想那麼久遠以後的事，不用想太多。還記得當時我悄聲地跟安江說：「那就請您幫我抓到您涅槃為止吧～」

安江長老聽了，只是說：「是喔？」又露出一貫慈愛的笑容。

頭份為供

我們父子倆在一起吃了五年的早餐，都是安江先幫我在我的碗內抓好「珠瑪」，然後再抓好他的那一份，之後，將熱茶倒入碗內，然後唸誦長品的《供茶文》，繼而再唸誦供茶偈文，依序是噶舉傳承上師、修持傳承上師、勝義傳承上師、根本上師、本尊、勇父、空行、護法神眾、金剛師兄弟，最後供養大手印，期能證得輪涅不二，最終再發願：「我等眷屬諸生諸世中，與三寶尊永遠不分離，恆向至尊三寶獻供已，願得至尊三寶賜加持。」然後方可進食。

一開始不明白為什麼要唸這麼多供養文，雖然整個唸下來，也不過短短的三分鐘，但是一來又餓又渴，二來茶都涼了，喝不出其美味，雖說，接下來，皆可直接飲用熱騰騰的酥油茶，還是不懂為何要這麼麻煩。終於在幾天後，我就忍不住發問了！

「你要明白，現在所擁有的這一些些享用，都是往昔供養三寶所累積的福德而來的，有著這樣的茶喝、美味的糌粑可吃，都是三寶的恩惠，為了報答恩惠，當然需要獻出頭份為供。」安江接著說：「你希不希望這樣的好運繼續？如果希望的話，供養即是必須的！」

「什麼是頭份為供？」我問。

「每種飲食的第一口，都稱為頭份，在自己還沒食用之前，獻出為供，就稱『頭份為供』，也稱『頭供』。」

「這樣做就有功德了嗎？」

「有的。」

「有誰看到了？」我一邊舔著「珠瑪」，一邊問。

「別再多話了，」安江說：「喝你的茶！」

就這樣，兩人互相倒茶聊天，每天都有各種不同話題。

結果是，就算經過五年背經畢業了，安江長老也圓寂了，往後只要與森多長老一起喝茶，都是他幫我搓好「珠瑪」的，直到森多也圓寂。不知是我本身就偏愛這種吃法，還是他們的手法特別，總覺得此後再怎麼搓「珠瑪」，味道皆不及往昔。

有一天早上，剛在安江的床上坐好，正準備喝早茶時，他突地粲然一笑：「今天我有好東西給你！」然後一邊把手伸到床下，一邊說：「有人送這個好東西給我，我們可以吃一陣子了！」拿出了一個鐵罐，打開一看，裡面是西藏的乾乳酪，這種東西拌在「珠瑪」裡面最好吃了，微酸又帶點甘甜，是早茶聖品。

「那吃完了怎麼辦？」我有點憂心地說：「就又沒得吃了！」

「別說傻話！」安江說：「有得吃就吃，沒得吃就不要想了！」

之後，我們一起享用了一個多月的正統藏式「珠瑪」，實在美味至極。安江總是在我碗裡多放奶油與乾乳酪，自己則僅是少少地摻入一些而已！

至於奶油，是供養這一世的法王而來的。您說：「從來就沒有奶油可以吃，後來有人給了我一包半公斤的奶油，我捨不得吃，拿去供養 尊座，從那之後（就一直有人陸續供養），我的奶油就吃不完了，所以你也要這樣去做！」

我才知道，在我到寺院之前，安江是吃那種天冷時會凝結成塊的蔬菜油，那是藏人拿來點燈和炒菜的油，其實沒有什麼香味，老人家的物質生活真的是最簡陋最基本的。

安江的萬用剪刀

寺院在早上九點半喝甜奶茶，不過，僅是提供奶茶，沒有其他點心。大多數的時候，安江那邊會有一塊印度圓餅[1]，雖然僅是薄薄的一片，但是對於處於發育期的我來說，是令人垂涎三尺、不可多得的美食！安江也喜歡吃，但您依舊會剪半分給我——在台灣，我沒吃過跟人分半的食物，以至於當時在腦海中，總會浮現難民分糧而食的畫面，雖然有點淒涼，可是，我相信那時候只要能夠天天吃烤餅，就算當難民，我也十分樂意。

1 圓餅：也作烤餅，由麵粉製成，可在烤爐內或鐵板烘製或如炸油條般而食用，外酥內軟，香味可口，是印度人的主食，北印度話一般稱為「若地」、「求把地」。藏人來到印度後，略微改良，加大加厚，稱為「爬類普」。

「剪半」是真的拿出剪刀來剪，以現在的衛生觀念來說是不合格的，因為那支絕無僅有的剪刀有著多種功用，安江長老會拿來剪裝藏的經卷，每隔幾天也剪自己的鬍鬚，平常則會剪其他的東西——包括烤餅。他會先將烤餅對折後，再拿出剪刀在床邊來回擦兩下，剪開餅後再拿給我，讓我自己塗上奶油，然後二人就對坐在床上，一邊喝茶一邊吃餅。

有一次，正在大嚼烤餅時，剛好被路過窗邊的森多長老看到了，還被當場唸了一下，森多說：「烤餅是要供養安江的，你不要去搶食，我那裡還有其他的東西可以吃！」當時，瞄了一下安江，發現安江正笑吟吟地望著我，我也只能默默低著頭，不敢說什麼。不過，隔天下午開始我就有一整片烤餅可以吃了——因為森多又特地為我多叫了一片！

我不知道在那個時代的台灣青少年是否跟我一樣沒得吃，但直到安江圓寂前，我確定那是我這一輩子最幸福的日子。

安江常說他很疼我，我也曾經問過安江，為什麼會疼我，「一開始倒還好，但咱們倆天天這樣相處，現在不疼都不行了，疼你！疼你！」安江慈愛地看著我說。

有不少人問過我，那麼小就去印度，會不會不適應？我常說，當時物質我很匱乏，可是精神是很滿足的，在那邊因為有法王與瑜伽士們，讓我不會想家。

你給我放過廁所！

寺廟的伙食雖然不好吃，但是起碼可以吃得飽，也因為食量大、消化好，所以會經常跑廁所。

森多與安江的關房相連，他們比鄰而居，但是沒有衛浴設備。所謂的廁所就是在濃密的草叢裡另闢密室，您們兩位有共用的位置，剛去的前兩年就是與他們共用。其實在戶外方便很不便利，冬季冷風冽冽，光著屁股蹲在那兒，寒氣刺骨難忍；夏季天氣炙熱，光著屁股等同活靶，備受蚊蟲攻擊，所以為了驅散蚊蟲，都會像長老們那樣，先折好一小枝帶葉的樹枝，再入林奮戰。

後來蓋了廁所，但也是整個閉關中心共用一間，位置在安江長老住所的後方，所以在森多長老跟前讀書時，每次要上廁所，一定會經過安江的窗前。有一次他看我行色匆匆，問我要去哪兒？「廁所！」我說。

「喔～」

第二次看我經過時，主動問說：「又要去廁所了嗎？」我點頭稱是。

第三次再看到我往後走去，不再問了，只是瞄了一眼，慢條斯理的說：「少年郎，你給我放過廁所！」

當場笑到差點失禁～後來廁所就成為我們兩人互相逗笑的主題之一。

以布施波羅蜜多之水降伏慳吝
以戒律波羅蜜多之水降伏破戒
以安忍波羅蜜多之水降伏瞋怒
以精進波羅蜜多之水降伏懈怠
以禪定波羅蜜多之水降伏散亂
以般若波羅蜜多之水降伏無知

02 數十年如一日的作息

在富裕的台灣，當我們吃膩了每天的飯菜，總會在心中盤算著可以去吃些什麼風味的美食，因為有著太多選擇，故可厭倦這個不夠美味，嫌棄那個吃得噁心，一定要變化菜色來滿足自己的口腹之慾。

其實，當年去札西炯時，伙食真的很不怎麼樣。早餐固定是糌粑（青稞磨成粉狀）加酥油茶；中餐則是一天飯、一天饅頭；晚餐則視午餐而定，中餐若是飯，晚餐就是湯麵，如果中餐是饅頭，晚餐就是米飯。

中餐無論是白飯或饅頭，始終只有一道配菜，夏天不是白蘿蔔就是馬鈴薯，不然就是鹹的黃豆湯或紅豆湯，冬天偶爾會有別的蔬菜，像是高麗菜或花菜，但是機率不大。因為寺院總管沒錢，聽說更早之前，午晚餐都僅是稀粥，所以現在還有得吃即是萬幸，採購者與廚師不太會多花心思去改善伙食。

我其實可以長時間都吃一樣的食物，所以日復一日千篇一律的一菜一主食，對我來說不是問題，重點在於不好吃！天天這樣吃，有時不免跟安江抱怨：「噁心的饅頭，讓人難以下嚥！」或是「炒焦的白蘿蔔，好苦！」再不然就是「難吃的馬鈴薯，怎麼跟我們台灣的不一樣？真的好難吃喔！」聽多了這類的牢騷，安江說了以下的故事。

有什麼吃什麼就好

康巴噶寺的三百位僧眾，每個人的出身不同，經濟狀況優劣不一，其中有富有貧，雖然一樣是出家身分，必須參與寺院的所有活動，然而也各有不同的際遇。

有一次一位富裕的僧人，午餐時間搓好糌粑準備食用時，剛好被指派必須出外辦事，為了方便路上進食，他把糌粑捏成糰狀——藏語稱作「打嘎」——放進一件剛裁縫好的衣兜裡，就出門了。

沒想到因為體溫的關係，混在「打嘎」內的奶油完全融化，沾染了他的新衣。在路上發現新衣全毀，又餓又氣又不捨的他，不禁咒罵出：「該死的打嘎！」

之後，這個情況被當時的第五世康祖法王聽到了，嘆息著說：「某某觸怒食神了，日後恐怕不再有食物可以受用！」

侍者請示是否有法可解，法王搖著頭說：「他這樣的言行，已經遭受食神厭棄，只怕無法挽救了……」

後來，據說沒過多久，那位富有的僧人竟餓死了。

聽了這個故事之後，緊張了起來！「那怎麼辦？我也唾棄了白蘿蔔、馬鈴薯很多次！」我問安江：「我會不會也餓死？」

「你呀？有什麼吃什麼就好，沒什麼可以抱怨的！」安江說：「那就是你的福德。」此後，就算吃膩了飯菜，再也不敢多抱怨什麼，深怕惹怒食神棄我而去。七年後第一次回台灣探望雙親，單單是便當就覺得是人間美味了。

苦寒中圓滿修行

寺院的伙食簡單，飲品也沒有變化，除了早餐供應的酥油茶，就是早上九點半與下午三點的甜奶茶，其他時間如果想要喝些或吃些什麼，就得自己想辦法。

安江長老習慣喝冰水，無論寒暑，總是直接從水壺中倒了就喝，可是他喝再多都不會拉肚子。雖然我們沒有冰箱，但是在山上的冬天，水龍頭流出來的水卻是寒凍如冰，安江喝冰水喝到會讓人擔心，看似堅硬如鐵的腸胃，原來是被後天環境訓練而成的……

昔日在藏地的康巴噶寺出家是沒有任何福利的，小至每日吃的三餐，大至終生住的寮房，一概由僧人自己打點。寺廟只在舉辦法會時，由總管準備酥油茶，以備在每座法的開頭供僧人飲用數碗，平時寺院不負責任何伙食。所以，家庭的經濟好壞，成了決定僧人生活寬裕與否的關鍵。

安江長老出身貧苦家庭，兩歲時，媽媽就因難產過世。當他聽我說起台灣的童年點滴，常常會感嘆：「有媽媽真好，我都不知道自己的媽媽長得什麼模樣！」

因為家裡貧窮，所以出家的生活也不好過。但他是個很乖又用功的孩子，十一歲出家後，努力學習所有的儀軌事相，後來精通壇城擺設，以及大小法會的流程。

閉關時，他持誦了多種天尊的心咒，包括一千多萬遍的百字明咒，在專注持誦百字明咒的五、六年期間，即使是在閉關中心，他的食物只有水和青稞粉而已，連燒茶的柴火都沒有，更別提拌在糌粑內的奶油和乾乳酪。很難想像當初到底是怎麼度過那些日子的，尤其是刻骨嚴寒的雪域冬季，但安江確實就這樣清苦地圓滿了他的咒語數量與修行。

安江也曾經在離閉關中心不遠的山洞內，獨自一人刻苦的閉關，據聞這些地方現今都被西藏祖寺當成修行聖地保存了下來。

應該就是過往的磨練，所以喝再多冰水也不會腹瀉，畢竟在西藏，水的溫度更低呀～

但這些往事，長老自己是絕口不提的，他甚至否認自己懂得怎麼禪修。我所知道的，都是後來森多長老在聊天時順帶提到的。森多長老家是農耕藏民，算是富農，衣食無缺，以前在閉關中心時，每天有喝不完的乳酪，可是縱使擁有那麼多的食品，當時年輕的他從不會想到可以拿去供養安江長老食用，而是把剩餘的食物全部拿去餵牛。

森多長老說，每當回想起來，都會覺得很對不起安江，讓他在當時飽受饑餓之苦——其實他很懺悔，因此在來到印度稍微有能力後，就開始不間斷地購買點心供養安江長老。

不過，即使年輕時曾經捱過這麼清貧艱苦的日子，安江長老從未怨天尤人，永遠是正面的態度，任何事情總是樂觀地面對，臉上常露出謙和的笑容，心中除了為了承事上師、寺院，完全奉獻自己之外，不會在意自身任何事，「一切優劣、苦樂都是上師三寶的加持！」是他的堅定不移的信念。

安江曾經提起，他長成少年後，身材健壯，做事勤奮幹練。兩個爸爸[1]看在眼裡，有一天，大爸爸跟他說：「真不該讓你出家的！早知道你會長成這樣，應該讓你在家就好，還可以幫忙家務！」安江說，當時聽了，他回說：「既然我都出家了，請別再說這些了，我好好地做好自己的本分，就是報答父母恩惠最好的方式了！」兩個爸爸聽了之後，都點頭贊同。

相信有效，就會有效

除了年輕時的刻苦修行，來到印度之後，安江依舊早課不斷，且為法王健康住世、度眾

1 兄弟同妻是康巴人的習俗，兄弟不分家被認為是持家的良方。

事業廣大弘揚，還會固定修一座綠度母儀軌。下午一點則是裝藏[2]或縫補金剛舞[3]衣服的時間。現在回想起來，他的眼睛真的很好，快八十歲的人了，縫衣穿針都自己來，沒什麼老花。

在三點喝完一杯奶茶後，就會前往亥母神殿做百遍大禮拜，一直到圓寂前十天，未曾中斷。禮拜回來後，則是唸誦迴向亡者的煙供。在晚餐的前後，安江會供讚護法神，經過不斷地探詢，終於確定他的護法神是盜火大神[4]，每天皆是以長軌來供讚，整個儀式約半個多鐘頭，真的是數十年如一日的修行。

每天進出安江的關房，總是東摸西看的。在床邊，有個作為桌子的木箱，上面擺著油燈以及一些雜物。其中一個玻璃瓶特別引起我的注意——那是一個棕色的藥瓶，我好奇地問安江是不是生病了。

「那是除穢祛蔽的水，喝了可以防止穢氣滲入（就是俗稱的中風）。」他說。

「這麼神奇?!」我好奇地問：「要怎麼做呢？」

---

2 裝藏：經云：「於後末世五百時，我乃現為文字相，了知彼即為佛已，彼時於彼當禮敬。」藏傳佛教的佛像多為空心，故而於其內置入命木，再填以經咒，詳情請參閱第十三篇。

3 金剛舞：為展現儀軌內涵而穿戴咒士或天尊等的服飾，以特定的身姿達到除障、祈福的目的，多由蓮花生大士或祖師所創，亦有打通脈絡的效果。

4 參見附錄03。

「一早起床坐在床上之後，唸誦摧破金剛[1]的咒語，然後嘴巴對著自己的鼻子或水吹氣就可以了。」安江說完做出嘴巴往鼻子吹氣的動作，「若是對水吹氣，則倒出一些水在手掌上，然後喝下。」

「我自己唸會有效果嗎？」我說：「還是我拿您這邊的水就好了？」

「你在說什麼傻話？」安江有點嚴肅地說：「自己唸當然會有效，相信有效就會有效！」

「好！」我答應他：「我來唸。」

之後，他會時不時地問我：「是不是每天唸誦摧破金剛啊？」

「有啊！」

「是不是坐得直挺挺地唸誦？」

雖然不知道為何一定要坐直而持咒，但還是如實回答：「嗯，有！」

「很好。」長老露出滿意的表情。

事實上，從答應唸誦的十七歲那一天起，我就沒有中斷過了。

1 摧破金剛：是大勢至菩薩的忿怒相，能滅種種疾病、違緣、壽障、惡夢、非人侵擾；增長福緣、壽命，具備大能力之天尊。

摧破台灣帥哥的我慢

長老曾為我進行過一次的灑淨，那是我二十二歲時，放假回台灣，在那段期間，長了滿臉的痘痘，看了中醫、西醫，吃的、抹的，甚至還特地去找專人擠痘痘，也完全不見起色！回印度之後，開始閉關，安江每次看到我，總是笑著對我說：「啊！臉全毀了！」已經鬱卒好幾個月的我，聽到連安江都這麼說了，心情低落到谷底！不禁問說：

「看起來真的很糟嗎?!」

安江反而安慰我：「開玩笑的，沒什麼不好看，這沒什麼。」

「可是真的看了很噁心啊！」我幾乎快哭出來：「雖然現在不用出門，但就是不舒服啊！」

「因為你一直都自以為長得好看，有著強大的我慢心，所以被護法神懲罰了！」

這是實話。一直到二十二歲之前，應該是年輕的關係，我的皮膚讓我自信到不用去照鏡子，也會時不時地在安江的面前炫耀我的美膚。

長老雖然總是警告我不可以對自己的身體起貪執，當時根本不以為意，還曾經因為聽了別人誇讚我長得俊秀，轉述給長老聽，老人家的第一個回應是：「你長得好看？」安江非常地不以為然地說：「那你們台灣還真的沒什麼俊帥的人了！」

有過之前的對話，安江所說固然也有道理，但那並不能完全說服我！「自以為帥氣、美麗的人比比皆是，為什麼唯獨只有我受到懲罰？這不公平！」我反駁說。

「長痘痘是排出你體內的疾病，這是好事！」安江又安慰我：「你要慶幸這些毒素沒有滯留在體內啊！」

「我不要啦！我就是不要這樣嘛！真的很醜！」我提高音量抱怨說：「安江，您想想辦法嘛！」

「我又不是醫生，我能有什麼辦法?!」安江說。

「一定可以的，拜託嘛！」我懇求著說：「安江，您一直說疼我、最疼我，我怎麼都不覺得您真的疼啊?!」

「是啊？」安江笑了笑說：「那就用摧破金剛的灑淨試試吧！」

於是安江開始持誦咒語，繼而拿起他的玻璃「藥瓶」，打開瓶蓋後，往裡面吹了一口氣，然後要我低著頭，便開始往我的頭上倒水。

記得內容是以六波羅蜜多破除六煩惱：

以布施波羅蜜多之水降伏慳吝、

以戒律波羅蜜多之水降伏破戒、

以安忍波羅蜜多之水降伏瞋怒、
以精進波羅蜜多之水降伏懈怠、
以禪定波羅蜜多之水降伏散亂、
以般若波羅蜜多之水降伏無知。

最後再以摧破金剛的祝禱品作結尾。

整個儀式過程不到十分鐘。「好了！」安江說：「這樣就可以了！」

「謝謝安江！」我說。

「今天的事，不准對外說，知道嗎?!」

「為什麼？」我疑惑著：「這又不是壞事！」

「會來一堆人，沒完沒了！」

「好啦！」

確實，在寺院十幾年，我從沒看過也沒聽過安江幫人灑淨，更沒料到僅是盧了幾下就蒙受灑淨，那一刻的感謝是真心的。只是已經看了那麼多的醫生，吃了那麼多的藥，依然滿臉紅豆，對於痊癒實在不敢抱持太大期望。

奇蹟就這麼發生了，不到一個月的時間，痘痘真的悄無聲息地消退了！當時還留下了照片～

長壽天女五姊妹看起來是居住於墳林的世間空行母，實際上即是具備著救度眾生誓言的如來、金剛、珍寶、蓮花、事業等五部空行，從根本上來說，即是能令諸佛歡喜的五大妃。五大妃不是真的五個天女，而是地、水、火、風、空五元素，無論外境、身體皆以此五種元素而成，清淨之後，其本質即為源源不斷的大樂，以此說為五尊明妃或空行母。

03 心堅強，可乘涼

在森多長老跟前背經的過程中，雖說為了早日完成課業，每天必須早起晚睡，對於一個正值貪睡年紀的青少年來說，確實是個挑戰。幸好，白天隨時有安江在身邊，不可否認，僅就心靈寄託來說，安江是非常重要的角色，假如當初沒有老人家在身邊適時提點，我可能無法堅持下去也說不定，無論是背經或出家這條路。

其實在那多愁善感的年紀，一些風吹草動都會觸動自己敏感脆弱的內心，有時可能僅是別人無心的言語，有時可能是刻意的嘲諷，在交談中，多說了幾句，當即在心中造成不小的震盪。

二、三十年前的寺院，生活條件是很不怎麼樣的，沒有衛浴，時常缺水、停電，伙食也是最起碼的，沒有任何休閒娛樂。當時有些僧人完全不理解為何我要不遠萬里跑來寺院出家，而不是留在條件優渥的台灣，除了懷疑我的動機，甚至嘲諷我是不是頭腦有什麼問題……

不是為了別人的眼光而活

少年的我，一來本就不善爭辯，再者當時藏文也不是那麼流利，實在不知道該怎麼回應。聽一次、兩次還可不在意，聽多了，可就沒辦法不放在心上了！

我把這個困擾跟安江長老說了。記得那時已臨近傍晚，和安江抱怨完整個來龍去脈後，屋內已經昏暗了，但是兩位長老為了省電，直到飯盒送到之前不會開燈，恰好提飯的小喇嘛也還沒到，於是安江就在僅能看得到彼此人形的情況下，給了以下的開導：

「你是為了求取佛法而來的，為什麼要在意別人說什麼呢？」

「可是我什麼都不懂，也沒學到什麼佛法啊！」

「你現在還在讀書的階段，一切剛開始萌芽而已，以爬山來說，你才在山腳下而已，什麼都不懂是正常的。」

「可是，那些人真的很惡劣，每次都會拿我當笑柄，搞得我很煩！」我有些沮喪地說：「安江，我是不是不適合出家啊?!」

「不是！不是！」安江連忙搖手，略為嚴肅地說：「你都那麼大老遠地來到這裡了，怎麼會不適合？沒有強大的緣分，怎麼待得住？你就好好地待著，別胡思亂想！」

當時，想著來到寺院已經快三年，和長老們朝夕相處，不知是什麼緣分，和他們在一起就是很開心，也不會想家。其實，如果不是一直被言語騷擾，在寺院還挺開心的。

安江繼續說：「你既然來了，又跟在我和森多的身邊，我們當然有責任要照顧你，你是一個好孩子，不能夠自暴自棄！」

聽到這兒，不知是感動還是覺得委屈，自己已是淚流不止。

停了半晌，見我沒回應，安江又說：「不過，為什麼你要那麼在意別人說什麼呢?!你怎麼會那麼脆弱呢？難道不應該保持著寬廣的心嗎?!」

這時，我已完全看不到安江的臉，只聽到老人家殷殷囑咐之聲，最後安江的結論是：「你不是為了別人的眼光而活，心要堅強，心量要大！」

夏日的幸福時光

其實，這是唯一比較嚴肅的一次對話，平常我們總是有說有笑的。在夏天時，更多的情景是和安江、森多長老坐在屋外空地上聊天。因為炎夏酷熱，又沒有風扇，大概四點半，安江作完大禮拜，從亥母神殿下來後，就會坐在屋外那棵庵摩羅迦果樹下的藤椅上，一手擦汗，一手搧著扇子乘涼。

蚊子當然也不會缺席，森多長老會在一個比大同電鍋小一些的鐵爐內起煙。方法是先拿些平常已備的枯樹枝放入爐內生火，然後再去拔些野草、樹葉放入火中，這時，濃煙不斷自爐中竄出，不一會兒，即像烽火台升起的狼煙一樣，只見整座樹林煙霧瀰漫。

蚊子最怕煙，見煙立即逃竄無蹤。當然，人也不好受，眼睛會被薰得瞇成一條縫，但是等個十分鐘左右，等到煙霧大都散去時，就是輕鬆乘涼的黃昏時分了。

當安江坐在藤椅上休息時，森多也會走出來。只見兩位長老左手持著念珠，右手拿著扇子搧涼。

常看到安江坐著，有時默默不語，有時持咒，有時則喝著森多端出來的普洱茶，兩人或聊天氣，或聊風景，或是餵貓、餵蛇蠓。

蛇蠓的藏文是「餒胡磊」，其實就是一般所謂的吐寶鼠，也就是財神左手所抓捧的動物。傳說中，盜取財神摩尼寶的羅剎即是變成蛇蠓，後被財神發覺而抓在手上壓其脖子，強迫牠吐出摩尼寶，這也是財神像的造型由來。蛇蠓不是鼠科，是蛇的天敵，動作靈活敏捷，貓在牠們的面前顯得笨拙無比。蛇蠓雖然膽小怕人，但是卻願意讓森多觸碰、餵食。

一開始，我只能在屋裡唸經，雖然嘴巴唸著經文，心早已經和屋外蒼茫的暮色融合在一起，森多長老應該也聽出我的心不在焉，從外面吩咐我把保溫瓶和茶杯拿出去，要請安江喝茶。

拿出去後，藉故倒茶、捧起茶杯請安江喝茶。兩位長老都是過來人，豈會不知我的心思?!安江對我眨眨眼睛說：「你去屋內拿一塊墊子出來坐吧！」

我轉頭看了看森多長老，他點了點頭：「順便把你的杯子也拿出來，一起喝茶。」於是，只要是夏天，每個月總有幾天有這樣的時光，三人一起在屋前喝茶、乘涼。

椅子只有一張，完全按照資格決定坐者，安江坐時森多站，安江不在森多坐，兩位都不在則我坐。雖然有多餘的墊子，但是森多絕不會坐著，總是站著說話，或是忙著做其他事情。當時不了解，後來才明白，那是尊敬！安江在場的時候，森多一定是站著，只有我這種什麼都不懂的小孩子，才會傻呼呼地平起平坐。

其實，我偷懶的最高等級也僅如此。當安江外出去村落祈福，剛好森多也下山去找阿曲或是去鎮上看病時，整座樹林就是我的地盤了。

坐在藤椅上，嚇嚇膽小怕人的蛇蠓，摸摸喜歡依偎在人腳邊的貓咪，喝一杯甜奶茶，看看被悠悠斜陽遍灑穿透的樹葉，聽聽各種不知名的鳥叫聲，稍稍享受放鬆的心情，真的覺得幸福不過如此！

有一次，森多長老不知道去哪裡，去村落祈福回來的安江走過窗邊，想是上山走累了，一邊喊「阿若西！阿若西！（藏語表示疲累的發音）」一邊緩緩走向藤椅坐著。

我急匆匆拿起茶壺、茶杯，跑出去幫安江斟茶，兩人坐了一下子，安江突然提議要熏煙驅蚊，他說：「我來生火，你去摘葉拔草！」

安江很快就生起了火，催促我趕緊拿草過去，我實在不忍心破壞花草，雖然都是野生的。

巡了一圈之後，手上抓了三根我覺得較醜的草，趕快拿過去給安江。

「這是什麼？」安江說：「草呢？」

「只有這些。」我說：「我找不到別的！」

「啊！」安江提高了音量。這個音在藏語有著疑問意味，如果提高音量，就表示驚訝的意思！

只見安江駝著背，自己又慢慢走進草叢裡，出來時，抓了一大把新鮮的樹葉、野草。

「看看！」他還特別伸出右手，讓我看了一眼，再丟入火爐內。

陣陣濃煙自鐵爐內裊裊升起，很快地又滿布樹林，散去後，空氣中依然飄著淡淡的煙味。

就在我和安江坐著喝茶聊天時，森多也慢慢地走上山來。

一見長老就問：「安江，今天您生火熏煙了啊？」

「是啊！」安江說。

「有沒有叫他幫忙啊？」森多指了指我。

「他！」安江沒好氣的說：「我跟他說：『我來生火，你去撿草。』結果撿來三根草！」

安江豎起三根手指頭後，又笑了笑！

「我就真的找不到呀！」我嘀咕著說。

「安江！他是在父母呵護下長大的小孩，沒吃過苦，不會做這些事的。」森多說。

我沒辦法回應什麼，只能看著安江，安江笑著對我挑挑眉，意思是就是那樣了！

當上師遇見辣妹

聊天時，老人家也會趁機灌輸些正確的觀念。在他們的觀念裡，還俗是一件非常羞恥的惡事，「寧可一生為僧庸碌碌，莫入塵世叱咤而自誤」。安江說：「不過，雖然如此，自恃持戒清淨而起慢心，也是一種障礙呀！」

「喔？怎麼說？」我好奇問道。

安江說了以下的故事。

「以前，藏地有位持戒精嚴的上師，因為學問好，人又謙和，所以法緣興盛，四處傳戒弘法。有一次，必須前往某處說法，然而，因為途中有事，耽擱了行程，因此未能趕到目的地。由於天色已暗，藏地又是地廣人稀，上師找不到可以投宿的地方，於是就近找了一個山洞，拾了一些薪柴，在洞裡升起了火，正襟危坐地開始唸誦經書。」

「上師一個人住在外面，他不會怕嗎？」我問。

「不會。」安江說：「我們在故鄉有時需要這樣的。」

「然後，就在上師唸完了經，準備就寢前，從洞口走進一位絕色美人。」

我第一個想法是「鬼來了！」我說。

安江喝了口茶，繼續說：「女子進來之後，先是走進了較為上方的位置，坐了下來。雖然，戒律規定僧人不得與女子單獨共處一室，但是身處荒郊野外，又能奈何？後來，女子故意在上師的面前走來走去，看得出來面容姣好、身材曼妙的佳人是故意挑逗上師，然而上師不為所動，完全置之不理。後來夜色愈來愈深，上師也累了，想要就寢，卻因有個不安分的女子在旁，而不敢入睡。」

「那是誰啊？」我說。

「你就慢慢聽下去吧！」安江接著說：「女子一開始邀請上師至其臥鋪同睡，三邀四請，總是無法打動上師，後來，乾脆自己鑽進上師被窩，主動獻身！上師警告女子自重，不要壞了僧人戒體，否則來世將墮地獄受苦，萬劫不復！」

安江停頓了一下，繼續說：「豈料女子非但不聽，反而變本加厲，應是要和上師發生關係，但是女有情，男無意，於是，兩人你來我往，互相推扯，直到天明，外面傳來了鳥叫聲。」

「這麼堅持啊?!」我說。

安江接著說：「『喔呀！』（在藏語是好或可以的意思，僅限於平輩或上對下使用。）這時，佳人正色說道：『我是吉祥長壽天女，因為你我有宿世法緣，所以我必須度化你，如果昨晚願跟我發生關係，你將能獲得大成就，且能廣為利益眾生。然而，因為你有著（我是持戒精嚴的比丘）之我慢心態，心底看不起一般世間俗人而錯失良機，我要走了，善自珍重！』」

持戒慢心，也是障礙

「好可惜啊！」我說。

「聽到這兒，上師痛哭失聲，暗自悔恨深藏的持戒慢心！」安江接著說：「此時，走到洞口的吉祥長壽天女回過頭來說：『也不必過於傷心！日後，你在中陰迷亂時，我將前來為你祛除怖畏！』說罷，飄然而去。」

「真好！」安江的結論是：「給了多麼好的結尾！」

「就這樣喔?!」我說：「這哪有好？又沒獲得成就！」

「沒成就沒關係！」安江說：「願來祛除中陰的迷亂，還要再強求什麼?!」

「吉祥長壽天女既然要度人，為什麼不直接表明身分？還賣關子，真沒誠意！」

「那是要測試你懂不懂了！」安江說。

「可是為什麼一定要發生關係，才能解脫呢？」

「那就要去問長壽天女了。」安江笑吟吟地說。

當時安江不肯說，後來我才知道，其實所謂的發生關係，不是我們以為的純粹男女之情，在《吉祥長壽天女供讚儀軌》中提到：「於外墳林世間空行相，於內五部空行具誓言，祕密勝尊令喜五大妃……」這是說，雖然長壽天女五姊妹看起來是居住於墳林的世間空行母，實際上即是具備著救度眾生誓言的如來、金剛、珍寶、蓮花、事業等五部空行，從根本上來說，即是能令諸佛歡喜的五大妃——五大妃不是真的五個天女，而是地、水、火、風、空五元素，無論外境、身體皆以此五種元素而成，清淨之後，其本質即為源源不斷的大樂，以此說為五尊明妃或空行母。

也就是說，假設那位上師能夠與長壽天女發生關係，整個氣、脈、明點將會徹底淨化，轉成法、報、化三身；庸俗的五大元素，即得轉換成五大妃的體性，也就是徹底轉五毒為五智、五大為五妃而成佛了！

看到這，請別誤會瑜伽士鼓勵破戒雙修，事實上，從對話中可以看出，安江長老十分讚賞那位上師的態度，所以才會說：「真好！」

而且重點在於，再怎麼精進勤奮、勇猛不懈，也無論產生了何種功德，永遠謙卑居下，不起驕慢心，才是真正的佛子。況且，真正的空行母如沙中金，遇見人間空行母的機率十分稀有，還是別癡心妄想，應當腳踏實地觀修，方為正道！

聽聽安江長老後來說了什麼吧！

「那位上師太矜持了！我的話……」我說：「才不去管那些呢！」

「哦~你！」安江不以為然地笑說：「脫光光躺在那兒，長壽天女看都不會看你一眼！」

（由左至右）侯薩長老、安江長老、德頌仁波切、安諦長老、森多長老。

安江長老：「你不要以為背經是最難的事情，這個世界上，最困難的事情是修氣功，比起修氣功，背誦經文根本不算什麼。」

一天四千次大禮拜時，才明白比背經難；後來打拳時，又覺得比大禮拜難；到了修氣功時，才知道長老真的是經驗之談。

04 「抱牆」的少年

當時在寺廟，由於前一世的法王規定一定要能背誦四部經（各種願文總集、傳承護法儀軌、瑪哈嘎拉儀軌、勝樂金剛儀軌），而後才能擔任領誦維那師[1]，所以理所當然的，我也必須遵循寺廟的傳規，完成課業。

就是那股漢人味

十五歲開始背誦，快二十歲時，即將把寺廟規定的四部經完成，已屆準備畢業的階段。有一天，一樣坐在安江長老的床上，兩人盤坐相視，他突然感慨地說：「這樣日積月累的相處下來，我非常愛你，對你的離去我十分的不捨，你畢業後，應該就不會再來找我了，就會拋棄我和森多了！」

我聽了很訝異，又不是離開寺院，只是不會上山來讀書而已，連忙說：「不會啊！我還

1 在法會中領導唱誦者，由其決定從何處唸起，如何唸誦，何時停，可以全權掌握法會進度。

是會每天上來煩您吵您啊！」

「不會的，你不會來的！」長老連連搖搖手說。

「會嘛！就一定會嘛！」我強調。

「你只是說說而已，你不會再上來了！」長老不相信。

情急之下，只好使出平常撒嬌的殺手鐧，急忙湊上去抱著長老，不斷親吻他的臉頰說：

「安江，就說會嘛！我一定會時常來找您的嘛！」

安江邊往後閃躲，邊說：「不要親了！不要親了！」

「我也愛您啊，我一定不會離開的嘛！」我再強調。

「好！好！好！」長老說：「我知道了，坐好！坐好！」

其實我會湊上去親安江，一開始是因為「漢人味」的關係。

有一天放假，洗完澡之後，跑上山找安江長老聊天，才剛坐在他的床上，長老就說：「你也有漢人味了！」

剛開始還聽不懂什麼意思，心裡納悶：「什麼『漢人味』啊？」

「就是你身上現在的味道。」長老說。

我以為身上有不自知的狐臭之類的異味，還很不好意思地說：「我剛剛洗完澡之後，只塗了些乳液呀，不應該有什麼其他的味道啊！」我把手臂伸出去，讓安江聞一下香味。

「就是這個味道！就是這股漢人味！真難聞！」安江露出覺得噁心的表情。

「吼！安江！」我說：「這是有香味的乳液，是大家都認定的好味道！」

「您再聞看看！」邊說邊把臉湊過去，安江不住把臉往後縮，說：「真難聞，真難聞的氣味！」

「那就再多聞一下！」一不做二不休，我就把自己的臉當作毛巾，整個兒抹在長老的臉上。

可惜當時沒有相機，不然那時長老的表情真是經典，一副無可奈何的可愛表情。我也就是從那個時候開始會去親長老，固然是戲謔，也是因為敬愛他，從此漢藏的味道就打成一片了！

又愛又怕的背經

對少年的我來說，背經是漫長而看不到盡頭的事，對於這項挑戰又愛又怕。愛是因為可以藉此擔任法會領頌的維那師，是安江、森多二位長老的期許，為了令他們歡喜，也為了榮譽感，讓我不敢鬆懈，立志達到目標；怕的是對於記憶力不怎麼好的我來說，是耐性的一大考驗——每天早上五點半要到森多長老跟前背經，下午六點前要把前一天的經文背好給他聽，晚上再唸誦下一頁的新進度，到了隔天的下午背熟了，再交功課。

其實同年紀的喇嘛，幾乎沒人像我這麼笨，大家下課不是去踢足球就是聊天休息，根本不需要這麼地勤勉用功，聽說有些喇嘛玩了一整天，只需在交功課前三十分鐘，唸過幾遍即可交差，真是令人欣羨不已！但因智不如人，又不想被看扁，所以只好付出更多的努力。

吃完晚飯後，我還會再回到森多長老那裡，繼續唸誦到九點半，回到自己房間後，關燈再複習之前背誦的部分到十點半，然後盥洗睡覺。甚至還因此曾被住在我樓下的老喇嘛笑說：「可憐啊！就是不夠聰明，還那麼地用功！」

不過，當然也有正面的鼓勵。因為 德頌仁波切（一九四二～二〇一七）就住在我的隔壁，所以我的作息他一清二楚。有一次晚餐前，在路上巧遇仁波切，看到他迎面走來，在這條小徑上，正侷促不安、無處可逃時，他突然輕輕地抱住我說：「多傑仁卿，你真的是一個好孩子，你每天的讀經聲，我都聽到了！」當時，真的受寵若驚，眼淚幾乎奪眶而出，完全不知道該怎麼回話——因為 德頌仁波切威嚴無比，始終散發出威懾的光采，令人不敢直視，我們小孩子是不敢靠近他的，一看到他，總是能閃則閃，可是這次不但被嘉獎，還是被抱住拍背，真是無比的榮耀。

不過，即使這麼刻苦勤學，還是時常會凸槌，隔天無法背誦出經文，還好森多長老脾氣很好，從不打罵學生，只是面無表情地說：「嗯，今天背不出來了。」當下的自己會覺得，背不出經文就是世界末日，整個人像洩了氣的皮球，鬆軟無力，身心分外疲憊……

令人沮喪的宣告大多在黃昏，因為二位長老關房相連，為了調整心情，也是想小歇一會兒，通常都是「抱牆」就直接進門到隔壁去找安江長老。

「抱牆」的意思是：二位長老的關房只有一牆之隔，牆的兩邊就是二道門框，除了出門或睡覺，都是敞開房門，兩條門框加上牆壁，厚度約三十公分，但會掛上一條白布做為門簾以防蚊蟲。為了防止雨天雨水噴濺，關房的地板整個高出地面三十多公分，因此，為了便於出入，屋外會再堆砌一塊石頭。正常的出入方式是走出房門踏下石頭走到地面，然後再踏上石頭走進另一扇門。但是，年輕人沒那種耐性，嫌正常的走法浪費時間，才會雙手握門框，單腳跨踩隔壁地面，直接進門。

不過，回來背經時，通常會以正常方式走回森多的關房，當時應該是想能拖一秒是一秒吧！之所以詳細描述，是今日回想起來，覺得十分有趣。

剛進門時，迎面的第一句話就是：「好累喔！」然後就側躺在屬於我的半面的床上，頭倚在安江的膝蓋說：「經文背不出來，我完了……」

這個時段，安江長老總是像往常一樣坐在床上持咒，多半的時候，他只會說：「睡吧！睡吧！休息一下，沒關係，會好轉的。」聽著他的持咒聲，緩緩入睡（大概十五分鐘）。

修氣功有那麼難嗎？

日子一長，隨著進門的次數多了，長老一看到我，即頷首微笑著說：「又背不出來啦？」我只會點點頭，愁眉苦臉的說：「好累喔！」接著又躺在他的膝蓋上小睡一下。

聽著我不斷訴苦，安江長老跟我說過：「你不要以為背經是最難的事情，這個世界上，最困難的事情是修氣功，比起修氣功，背誦經文根本不算什麼。」

「修氣功有那麼難嗎？」我很疑惑。

長老以篤定又驚嘆的表情，說：「這個世界上，再也沒有比修氣功來得更困難的事！」

後來等我自己閉關時，我真的相信了！

應該這樣說明：一天四千次大禮拜時，才明白比背經難；後來打拳時，又覺得比大禮拜難；到了修氣功時，才知道長老真的是經驗之談。

別的不說，單單是毘盧七支法[1]的坐姿就受不了了，更遑論持氣與觀想，縱然是在《密

1 毘盧七支法：
依照《大手印正行引導》所云，內容如下：
1.雙腳跏趺交叉如格子。2.手結等持手印置臍下。
3.脊柱直挺如同疊金幣。4.肩如禿鷹翅膀外廣伸。
5.喉嚨彎如鐵鉤。6.捲舌已。齒唇略開。
7.觀式合適持。禁止言語自然隱密住。

勒日巴尊者傳記》[1]裡面提到的，在夢中由馬爾巴譯師[2]所傳授的「持六火灶」[3]的坐姿，雖然比較輕鬆舒適，坐久了一樣痠痛難忍，這是後話了。

其實，有時候安江長老也會漏我的氣，他會在森多長老的面前糗我，說：「這小子經文背不出來，就會來我那邊，然後說……」接著就會看到安江誇張地學著我的表情，把嘴嘟的老高，故意放慢音調：「好～累～喔～」森多就會面無表情地瞪我一下。

那個時候真是覺得無地自容。話雖如此，背不出經文時還是照樣會賴皮並且躺著訴苦。其實，安江長老只是想藉此告知森多長老，我不是亂跑去哪裡溜達，只是在他那裡而已。

我想，兩人的感情就是這樣一點一滴建立起來的。

1 密勒日巴尊者（一〇五二～一一三五）與馬爾巴譯師、岡波巴大師合稱為「噶舉三祖師」。尊者傳奇跌宕的生平，請閱《密勒日巴尊者傳記》。
2 參見附錄04。
3 持六火灶：這是觀修拙火時的一種蹲坐姿態，特別容易引發身體的暖樂，密勒日巴在山洞中苦修時，因為久久無法生起拙火暖樂，經過不斷祈請上師後，由空行母所傳授的坐姿。

「如果問兩座山的山尖會不會合攏在一起，一直持續占卜的話，也會出現可以合攏的卦象，所以卦象當作參考就好了。」

05 卦象的祕密

占卜的藏語是「摩」，請高僧大德占卜時，則以敬詞稱「沙摩」。安江長老的卜卦非常準確，寺廟內外的僧俗，若有疑惑都會請他卜卦，他的工具不是別的，平常拿在手中的念珠而已。

雖然卦象準確，但是長老卻從來不會迷信，常舉例說：「如果問兩座山的山尖會不會合攏在一起，一直持續占卜的話，也會出現可以合攏的卦象，所以卦象當作參考就好了。」

話雖如此，別人的事情不說，但在我個人經驗而言，卻是準確無比。

有一次晚餐後，在長老的房間內，剎那間腹痛如絞，完全無法站直，更別說到隔壁森多長老的房間裡面去唸書。看到我痛苦不已，只見長老拿著念珠說：「來！來！來！趕快來占個『摩』，看看多傑仁卿會不會涅槃[1]！」

「涅槃」是死亡的敬語，在藏語裡面，語言的階級區分得十分清楚，上對下或長對幼是

1 涅槃：是梵文譯音，也譯作「般涅槃」，意為超脫憂傷，即是從輪迴解脫之意。

不會使用敬語的，只因跟安江太熟了，他才開這種玩笑。

我完全無法抬頭看他，只聽見他邊唸著：「多傑仁卿會不會涅槃？多傑仁卿會不會涅槃？」邊撥弄念珠，沒多久之後說：「大好大壞！看來你不是馬上好起來，就是要立刻涅槃了！」陣陣絞痛襲來，根本無法回答，只好弓著身趕緊回到寮房休息。說也奇怪，剛進房內肚子就不痛了，像是完全沒發生過一樣，真的是馬上好起來！

隔天一早，安江趁著下山幫人祈福前，順道來看我。我早就沒事了，這天是禮拜日，放假不用上課，一早聽到路上有人喊：「安江呀！怎麼今天下山來了？」

「我來看看多傑仁卿涅槃了沒?!」站在門口迎接他，安江挺著微僂身軀，看著我說：「肚子還痛嗎？」

「早就好了！」我說。

「沒事就好！沒事就好！」說著，安江又往山下走去了。

至尊之卦

這正是占卜的奇異之處，倘若結果是一拍兩瞪眼的事情，基本上，卦象就會是大好大壞，也就是不成功便成仁。

安江說過有一次村落裡有個老人病重，他的家人上山來請示，因為不知病況如何，想藉由占卜確定是否需要送去醫院，還是在家養病就好了。

結果卜得的卦象是至尊之卦，是最好的卦象，所以安江告訴他們不必去醫院了，會好起來。

結果，病人當晚就死了。

「他們還是準備送去醫院，」安江長老說：「應該對卦象也是半信半疑。」

「怎麼知道他們要送去醫院了？」我好奇問道。

「因為我下山去他們家裡修破瓦法時，看到亡者的腳上穿著襪子。」

原來藏人除非要出門，否則即使生病在家，也是不穿襪子的。

這裡要說明一下，前一世的康祖法王立下規矩，無論僧俗，只要隸屬本寺，過世之後，即刻通報法戒師（管理寺規者），必定出動全寺僧人為其誦經並修破瓦法，歷時約一個鐘頭。

安江笑說：「這之後有人說我的卦象不準，因為結果人是死了，並沒有活著；但是也有反對的意見認為，我的卦象很準，只是不願意讓家屬白忙一場跑去醫院，至於說會痊癒，只是隱瞞卦象而已。」

「到底是哪一種呢？」我問。

長老沒有直接回答，只說：「生病必死的人在卦象中，會出現至尊之卦，雖然是上上大吉，但那不代表會痊癒；稱為『入於卦』，反而是無可救藥的意思。」

有障礙！太好了！

第二次是在我圓滿了第一次的三年關，想著是要繼續閉關還是回台探望雙親，舉棋不定的時候，請長老卜卦。

我問：「繼續閉關，好嗎？」「有障礙！」

「出關入寺修法？」「有障礙！」

「回台探親呢？」「有障礙！」

雖然不知道是什麼障礙，既然怎麼樣都躲不掉，那就回家鄉看看父母再回來好了。結果，那個躲不掉的障礙原來是家父的辭世。

那時趕緊通知寺廟，並請法王、瑜伽士幫亡者超度。安江乍聞家父過世的消息，脫口而出的第一句話是：「太好了！」——讓去報喪的喇嘛一頭霧水。

之後，安江幫我處理了家父所有的後事。骨灰先帶回去寺廟，放在他的關房進行《修骨法》度亡，直到四十九天圓滿，然後做成小佛塔[1]，再由安江開光加持。在寺院那麼多年，還是第一次看到安江從頭到尾完整地進行超薦，能由這麼殊勝的大德主導度亡事宜，家父在天之靈，相信應該亦是感恩不盡！

後來等我回去時，安江向我解釋當時說出「太好了！」的原因並非幸災樂禍，而是有一

1 也就是藏式擦擦。

個出家兒子在幫忙處理身後事，讓爸爸不必擔心，可以獲得最妥善的處理，讓他覺得非常完美。

踢到鐵板！

至於卦象的時效，到底是多久以內有效呢？

「這很難斷定！」安江說：「一般雖然說是三至六個月，但是也有那種要去拉薩朝聖的人，因為卦象平安，一去二至三年才回來的，不就表示時效長達幾年了嗎?!」

當時知道長老這種卜卦的功力，跟大多數台灣人一樣，喜歡談夢境和卜卦以預知吉凶的我，怎麼可能放過這大好良機?!

於是，遠到自己前世是誰，近至明天的吉凶；大到世界的走向，小至某人的心思，所有想得到的，全部找長老占卜，他也幾乎來者不拒照單全收。

他常開玩笑說念珠都快被我卜到斷了，還說我欠他很多卜卦費用。不過，當然也不是沒有踢過鐵板。有一次，我像往常一樣頭倚著他的膝蓋側躺在床上，開始滔滔不絕的細述卜卦事項，正在持咒的長老，突然說：「你有完沒完?!」

我嚇了一跳，因為他從來不會用這種語氣，不由得仰起頭來望著長老，只見他右手高舉念珠就要打下來——當下頓覺空氣凝固，四周悄然無聲，我只能等著被打……

心性！心性！

當時看著長老的眼睛，我只能感覺他在思考（後來我才知道那叫反觀內心），短短三秒不到，他的手放下來了，繼續持咒。

頗受驚嚇的我，試探性的詢問：「安江，您密意現怒啦？」這是藏語「生氣、發怒」的敬詞。

「當然『密意現怒』啦，沒有人像你這樣的！」可是不會有人對自己用敬詞，除非說笑！可見安江已息怒了。

「可是，我就是想問嘛，不要密意現怒啦！」我擠眉弄眼地說。

登時想起明卓長老與也拉喇嘛兩人之間的那句名言，馬上對安江長老說：「心性！心性！」

他立刻破顏而笑，說：「是喔?!呵！呵！呵！」

我這輩子還沒看過有人從憤怒到消氣繼而開心的時間，是不到二十秒的！

明卓長老與也拉喇嘛之間是發生了什麼故事呢？

必須先介紹一下，明卓長老是閉關中心十三位瑜伽士的前前前任龍頭，也就是指導師父，具有大手印極高的證量，是 六世康祖法王的弟子，被夏迦歇利祖師（一八五三～

一九一九）印可為已經達到「大手印四瑜伽」[1]當中，終極的「無修」[2]境界的修行者，不過，明卓長老的脾氣暴躁，就像馬爾巴譯師一樣。

也拉喇嘛則是在本尊的生起次第觀修獲得自在者，能夠隨意差遣護法神，具有強大的咒力。

有一次，兩人一起出外修法，也拉喇嘛發現，明卓長老做的朵瑪有點不如法，於是告知正在擺設壇城的長老，長老一聽怒不可抑：「什麼？敢指正我！」整個人豎眉瞪眼地衝上前，正準備教訓也拉喇嘛。也拉喇嘛靈機一動，指著長老說：「心性！心性！」只見長老突然身形一頓，霎時嘿嘿一笑，轉頭回去繼續布置了。

這個故事是安江長老告訴我的，所以您頓時意領神會地笑了出來：「是喔？嘿！嘿！」

我趁機說：「心性！心性！真好用！」

---

1 大手印四瑜伽：這是判別觀修大手印行者境界的名詞，分別是：專一、離戲、一味、無修四位階。一般而言，每一位階再區分為小、中、大三種，共有十二位階，基本上，到達離戲才是見道，也就是初地菩薩的果位；不過，為能更加區分箇中差異，第三世多康巴在《大手印正行釋論》中，再將專一、離戲、一味、無修四位階細分為十六位階，亦即專一之專一、專一之離戲、專一之一味、專一之無修；離戲之專一、離戲之離戲、離戲之一味、離戲之無修等等，以此類推。

2 無修：大手印偈文云：「法性無動於『後得』，『等持』界中悲心湧，等持、後得若傾塌，了悟無修本面矣！」後得位是指日常生活，即使講經說法、托缽化緣，也不曾自定中動搖散亂；等持位是指在座上禪修時，悲心亦自法界中湧出而遍及一切廣度有情，無修即是等持、後得的界限已被打破，已經無有可修，這是佛地了。

「不！不！」安江說：「明卓不但證悟心性，而且證量極高，所以一點就通，我什麼都不會，所以是不一樣的！」

真的不一樣嗎？我看到了一樣的效果。

還有一次，安江又被我搞煩，說不要再來煩您卜卦了！我決定跟您賭氣，當天不和您說話，第二天沒一起吃早餐，也不一起喝甜奶茶。但是，上廁所時，還是會經過窗前，您叫住我，然後用很諂媚討好的眼神，帶著微笑雙手合十，低聲下氣地說：「請您垂鑒，密意莫要現怒，今後我將聽您敕令，卜任何的卦……」

其實看到長老的表情，讓我真的很想笑，根本就沒事了，但還是忍住了。安江看我悶不吭聲，又接著說：「來！來！來！我們來卜看看你這次去大號會是什麼形狀？」然後真的抓起念珠，算了之後，說：「嗯，卦象良好，看起來是條狀的可能性比較高。」

弄得我再也忍不住，哈哈大笑，父子倆人又和好如初了！

安江長老與安諦長老

肥皂搓洗到屁股的位置，感覺到很粗糙，知道那是繭，可是我沒摸過那樣厚的繭！我愣住了，忍不住問了長老：「這裡怎麼了？」

「一直到長出這個之前，我都不斷地在觀修，你也應該要這樣去做！」

長老語重深長地說。

06 安江的老繭

寫了前五篇後，有人問我：「吃了安江長老那麼多年的青稞粉跟奶油，有沒有想到回饋啊？」

講回饋不敢當，因為師恩浩蕩！所有瑜伽長老皆不收弟子，即使是安諦長老已經做著擔任上師的事，像是給予心性引導、講解儀軌、加持祈福、驅魔除障等等，看起來像是上師的事業了。不過，由於沒有 第八世法王的開許，也只能給予引導而不給予灌頂。但是，即使沒有經由安諦長老而獲得灌頂，諸位長老們在法上所給予的指導，無論如何都無以回報，只能盡力服侍而已。

口傳與灌頂差很大

在閉關前，瑜伽長老不會跟我們談及任何實修方面的事，就算是講到祖師們如何刻苦修行，也會刻意避開氣、脈、明點的部分，純粹只是像說故事般地敘述。

閉關後，就截然不同了，相較於之前的一問三不知，可以感受到他們盡己所能傾囊相授的殷切之心，無論是已經熟到沒有祕密的安江長老，或是擔任指導上師之責的安諦長老，抑或是代理住持之職的阿曲長老，只要弟子真心向學，長老們可以滿足除了灌頂之外的所有法上需求。

藏傳佛教有句話說：「使心成熟的灌頂，使心解脫的引導，能作後援的口傳。」若要將三位長老強加分類，安江長老負責口傳，安諦長老與阿曲長老負責給予修持上的引導。一向謙遜的安江常自豪地說：「有什麼口傳是我沒有的，我連大藏經都有口傳。」

口傳是什麼？我曾問過安江為什麼一定要有口傳？「當知學佛就是為了解脫成佛，想要解脫成佛，就必須具備資格（灌頂）、知道如何修持（引導）以及擁有強大的後援（口傳），這三者缺一不可。求得口傳的用意在於：獲得源自佛陀（或是某位成就者）以來，歷代口耳相傳的語言力量，如此方能如同源源不斷的補給，為誦經、持咒帶來生生不息的力量。」安江說。

口傳是那麼的重要，能作為讓人解脫的助緣，不就是上師的份內事了？安江這不是違背了自己的原則了嗎?!

「不！不！」安江搖著手說：「灌頂者本身要登佛位，方可為人上師，繼而為弟子開顯自生本智；口傳只是從頭唸到尾，我就是把一本經、續或儀軌唸完而已，差別甚大！」

當然，這些都是後話，閉關之前，對於上述那些規則，幾乎未曾聽聞。

措尼仁波切的侍者兼室友

我去印度之前，就已經先被安排要作為措尼仁波切的侍者並與他同住，所以一到了寺院，還沒出家前，就先住進了仁波切的房子，那時仁波切恰好去青海囊謙自己的寺廟，不在札西炯。

後來他回來了，因為他個性隨和，我們也相處得很愉快。雖然說名義上是侍者，不過我連自己都顧不好了，怎麼服侍他啊?!頂多就是幫忙洗洗衣服、掃掃地而已。

但是仁波切人很好，不會跟我計較，可能是因為年紀相仿的關係，所以兩人打成一片，我們感情不錯。在一起住了四年多，在最後一年，我十九歲時，仁波切開始教導我怎麼禪修，可惜後來他離開寺廟，所以也就中斷了。

屋主走了，傭人理所當然地接管房子，當然真正的持有者是九世法王，雖然代理住持是阿曲長老，但是他們都不會叫我搬走，所以我成了唯一的屋主。事實上，也因為住得鄰近法王與阿曲長老，反而有更多的機會請益。

因為那棟房子是祖古[1]的住所，所以空間較大，有小小的廚房也有衛浴設備，比起一般

1 祖古：原本意指三身中的化身，在藏密泛指乘願轉世而來者。

的寮房舒適許多。不過，我初搬進屋裡，發覺浴室除了有一個老式的水龍頭可以出水之外，沒有其他衛浴的作用，蹲式馬桶上堆滿了物品，上方是笨重的藍色鐵質水箱，看得出來很久沒使用了！

所以我在寺院的前三年，無論寒暑晝夜，也不管是否颳風下雨，想上廁所，幾乎都是跑去露天的樹叢。但是因為浴室還有水龍頭，所以尚可盥洗。

其實，閉關中心裡有一間公共浴室，裡面有兩個水龍頭，但是因為地處陰暗，牆壁長滿了青苔跟黴菌，也因年久失修，裡面的燈壞了，窗戶玻璃沒了，門也腐朽無法關閉。

那個時候，因為閉關中心還沒完全關閉，所以附近的印度婦女有時也會來浴室取水。說真的，很難放心地洗澡！

印度的夏天跟台灣一樣炎熱，在寺廟，雖然不致於汗流浹背、全身又溼又黏的，可是悶熱的天氣，還是會讓人流汗。

衣服下的祕密

安江長老年近八十，在那個公共浴室洗澡絕對不方便，我提議他來我的寮房，絕對舒服，香皂、乳液應有盡有，我極力說服可以幫他洗澡。

「你會把我看光光！」他假裝害臊的樣子，對我說。

「哎喲，安江您有的我也有，我不會想看啦！」

「是嗎？我怎麼覺得你在說謊的樣子～」

「拜託，沒興趣啦，保證不看！」

好說歹說，總算把長老請下山來。

先脫下衣服、裙子，接著開始幫他沖水弄濕身體，因為有著滿頭的長髮，洗頭是不可能的，只能從脖子以下抹肥皂，清水沖過一遍之後，再搓背。少年的我其實不懂怎麼服侍別人，但是當時卻是很用心幫長老洗浴，每每回想起這件事，心中總是感到喜悅滿足，畢竟服侍了一位可敬可親的菩薩，應該多多少少累積了一些資糧吧！

肥皂搓洗到屁股的位置，感覺到很粗糙，知道那是繭，可是我沒摸過那樣厚的繭！我愣住了，忍不住問了長老：「這裡怎麼了?!」

「一直到長出這個之前，我都不斷地在觀修，你也應該要這樣去做！」長老語重深長地說。

密勒日巴尊者當初遵循 馬爾巴上師的授記，把所有教法都傳給 岡波巴大師之後，臨別前，尊者跟大師說，還有一個最珍貴的法要，傳予別人實在可惜之至，所以一開始捨不得傳授，不過後來還是傳授的大法，就是臀部的老繭。

密勒日巴尊者告訴岡波巴大師說：「我是經過這樣的辛勞，才在心中生起功德的，你也要這樣做才好。」

我不知道密勒日巴尊者的老繭長什麼樣，但是我很清楚的看到並摸到了安江長老臀部的厚繭——我想，這才應該是不讓我看到您的身體的主要原因吧。臀部長繭沒什麼，叮囑人家修持沒什麼，但是兩者加在一起就珍貴無比。

很慚愧的，我並沒有如囑精進地修持，但卻很幸運地看到了精進的行者怎麼修持！

早已超脫生死

我們常常在聊天到很開心時，長老就會突然驚慌地說：「看看我在幹什麼！死亡隨時都要來臨了，我還裝作若無其事的樣子！」然後就會開始唸六字大明咒。

或者，有的時候就會遽然慌張地說：「怎麼辦？我就快要死了！對死亡卻完全沒有準備，你會不會可憐我？」

一開始我不知道該怎麼回答，可是打從安江長老七十四歲，我認識您以來，一直到八十七歲圓寂之前，這十三年間，您常常這樣問我。一來我不相信他沒有修持沒有準備，二來聽多了也痲痺了，後來，我會搖頭回說：「不會吔！」

聽見我這樣的回答，長老就會說：「啊！原來你完全沒有悲心！」

我只能傻笑。

當然安江長老也不是一直都示現這麼的悲觀、恐懼，實際上早已超脫生死。有幾次，我想到長老有一天一定會圓寂，不禁悲從中來，問他說：「安江啊！有一天您一定會離開我，我們就不能再見面了，」我貼著他的臉頰，親著他，不捨地說：「我會很想您，怎麼辦？」

「有生必有死，沒有誰能夠不死一直活著的，你要明白這個道理。」他說。

「那以後我們會再見面嗎？」

「……不要問這種蠢話！」

安江從來沒有給過答案，不過，阿曲長老後來倒是給了否定的結論。果倉巴[1]是密勒日巴尊者的第五代弟子，也是本派頗負盛名的一位祖師，由於奉行愛他勝己的菩提心，又有高深莫測的修持，就有許多具備信心的弟子發願來世在相識狀中再謁見上師。但是果倉巴祖師明確篤定地告訴他們，不必發這種願，因為縱然能再相遇，也不會再記得彼此。

緣生緣滅，只能隨緣而行，或許就是珍惜此生的緣分吧！

願力不可思議

常聽到大修行者死後安住定中的故事，藏語稱為「突檔」，譯為中文是「意誓」，意為「清

1　參見附錄05。

淨無垢為聖意，具足無遺為誓言」，死後入定時，契入母子光明相會，此中以清淨無垢的如來藏為本體，具足佛的三身功德，佛、法、僧三寶，與上師、本尊、空行三根本，無一遺漏。因此，若能契入「意誓」，即是在中陰成佛了。

我曾問過長老：「安江，您涅槃後，會契入『意誓』入定嗎？」「入什麼定？我又不會禪修，一聽到我死了，馬上抬去墳場，把屍體燒掉！」

大多數的時候，安江長老都會說他死後會墮地獄，我則附和說：「那是不是以後我墮地獄的時候，轉頭一看，咦？安江！你怎麼也在這裡?!」然後，「怎麼？」長老說：「小子，你也趕來啦?!」

我們常有這些驚世駭俗的對話。

當然，也不是一直都這麼不著邊際的閒聊。背第二部經時，似懂非懂的覺得《現喜淨土願文》裡面描述的情境極為殊勝，可是印象中曾聽過，沒有證得初地菩薩以上的果位到不了淨土，於是，我問長老：「如果是我從現在起一直到死亡前，每天唸誦一遍《現喜淨土願文》，祈求往生不動佛的淨土，我可以如願嗎？」

原本以為又要被說別犯傻了，誰知安江聽了，一臉嚴肅的看著我說：「當然可以，願力不可思議！」

他從不說謊，所以我深信不疑。事實上，在自己的啟蒙老師往生後，為了報答師恩，安江長老就曾經將貝瑪嘎波祖師[1]所著的《極樂淨土願文》與《現喜淨土願文》各誦一萬遍。這種學生，真是難得！

以上這些對話，大都不是在正襟危坐、畢恭畢敬的狀態下完成，是頭倚長老膝蓋，側躺在床上的閒聊而已。

只願老人家開心

回到洗浴的事情上。身體抹上肥皂，再來就是安江長老不喜歡的洗臉，他不習慣洗面乳的香味。洗完澡後，讓長老先坐在床上，幫他擦乾，接著不由分說地強制塗抹乳液，他會抗拒，然後一臉無辜的唸我說讓他沾上了漢人味！

「什麼叫做漢人味啊？」我問。

「這種味道就叫漢人味！」

「可是，這是印度製的乳液，而且很香啊！」我說。

「這就是難聞的漢人味！」安江有點抗拒的說。

「那就再塗多一點！」本來只有抹臉而已，現在連手腳都塗上了。在「不要！不要！」的抗拒聲中，略帶惡作劇地幫安江長老塗抹乳液，不過抗拒歸抗拒，還是一有時間就會讓我

1 參見附錄06。

幫他洗澡。

他老人家不喜歡塗任何面霜或乳液，可是一直到八十七歲圓寂，都沒有老人斑，真是不可思議！

穿上衣裙之後，順便曬曬從窗戶穿透進來的陽光，那時他會用略帶讚歎的語氣跟我說：「你個性急雖急，但做得很好。我是個年邁的老人，你這樣服侍我，會有功德的！」

那個時候倒沒想什麼功不功德，只想看到老人家開心，想把事情做到完美而已。

幫長老穿好衣服之後，再攙扶著他回到閉關中心的寮房，就這樣服侍長老洗浴了幾年。

潛修中心諸師兄弟與長老們合影

「你就放手去做，我以心意加持著，會準的！」這是我第一次，也是唯一一次聽到長老說出「我以心意加持著」這句話，如果從別人的嘴巴說出，一點都不稀奇，畢竟這個世界上，大有唯恐不被別人崇拜的人在！但是自稱不會觀修的長老，竟說出這種上師之言，實在讓我驚駭不已，因為他是絕不說謊的修行者，所以在這場占卜教學，無意中透露了自己的功力。

在寺院，如果不自我鞭策而是選擇自甘墮落，其實，沒有誰會真正疾言厲色地出手勸阻，畢竟彼此非親非故，何必扮黑臉惹人生厭呢？

雖然我在背誦儀軌、經文的時候算是惕勵精進，但是，那是從讀書一年後才開始的。在那之前，我也是正常上下課時間，何況，那個時候才十四歲，貪睡的很，到課不怎麼準時，下課倒是分秒必爭，加上我的老師採用的管教方式極為自由，根本不會打我，只會偶爾念念我，所以就得過且過，開始混日子了。

壽命一直在流失

安江長老一直看在眼裡。有一天，一起喝早茶時，他突然說：「你的老師森多還真的像一尊佛像啊！」當下我聽不懂這是什麼意思，還單純地想著說：「森多長老長得有那麼莊嚴嗎？為什麼拿佛像跟他比啊？」

喝了一口茶後，我問：「為什麼那麼說呢？」

「不是嗎？」安江長老慢斯條理地笑著說：「在佛像面前，你做好事或壞事，祂的密意永不會現怒，只會微笑示人。你的書讀成這樣，每天遲到早退還不專心，他卻什麼都不說，不是跟佛像一樣嗎?!」

第一次聽了安江長老的訓話，先是覺得自己很糟糕，似乎不能再混了，否則也對不起在台灣的父母，可是就是提不起勁兒啊！我辯稱：「可是，安江，我都爬不起來啊！很想睡，都覺得睡不飽啊！」

安江長老搖搖頭。接下來聽到的話，可以說是一語驚醒夢中人，從那之後，我幾乎就不貪睡，開始發憤向學，用心背經。

他語重心長地說：「在今天之前的每一天，你努力地睡了這麼多，也沒得到什麼，可是壽命卻是一直在流失啊！」

霎時間如雷貫耳，頓時覺得我在糟蹋自己，雖然已經遠離父母離鄉背井來印度出家，卻還貪玩貪睡，不求上進，敷衍了事，實在很壞，於是，告訴自己一定要改過。

因為安江長老的一席話，每當生起懈怠想懶惰時，我就會告訴自己：「你已經睡了那麼多，再這樣睡下去也沒得到什麼啊！」因此才出現了後來那個勤勤懇懇、努力不懈的多傑仁卿。

安江長老永遠以寬待的心眷顧著我，就算知道我會犯錯或已經犯錯，總是以循循善誘的方式，來導正我的行為。

恐怖的醉酒經驗

記得在我十八歲那一年，有個與我交厚的喇嘛跟我說啤酒很好喝，可以上街買一瓶來喝看看。我們是不能喝酒的，所以一開始我拒絕他的提議並拒買，他卻一直慫恿我喝看看，說：「又沒什麼關係，我們只喝這一次而已，又不會常常喝。」

後來，禁不住好說歹說，真的跑去買了一瓶啤酒。一來是沒喝過想嘗鮮，二來想也就這麼一次而已，就試試看吧！

星期六的夏天晚上，在我的房裡，面前擺著 250 cc 的玻璃杯，裡面是八分滿的啤酒，雖然好奇可還是蠻猶豫的，最後在惡友的大力鼓吹下喝了那一杯。我的天，苦的要命！一點都不像他所形容的那麼好喝，要命的是，我竟然醉了！

那種感覺永遠忘不了，先是沒來由地一直笑，完全停不下來！大概笑了兩分多鐘，突然悲從中來的想哭泣，這個念頭大概不到三秒，我忍住了沒有哭，然後完全清醒了。這種恐怖的經驗讓我不敢再喝了！

隔天早上喝早茶時，我跟安江長老說：「安江！安江！我有一件事情要跟您說！」

長老總是帶著一貫和煦的笑容，說：「來，來，來，又有什麼要說的了？」

我敘述了喝酒的整個過程，他靜靜的聽著——本來僧人喝酒這種事情，就是不可告人的，沒有人會講出來，但是我跟長老之間沒有任何的祕密，一直到您圓寂為止，他知道所有我心中想的和我所做過的事情。

上師不允准，終生不飲酒

我講完之後，他緩緩地說：「雖然我從來就不喜歡喝酒，我也討厭酒味，但在四十歲那一年，我突然起了很想喝酒的念頭，於是我稟告了頓舉年瑪[1]（一九三一～一九八〇）。」

「您跟尊座說了？」我非常訝異，這是可以公開講的嗎？

「我從來不會跟尊座隱藏我的想法，心裡想什麼就直接請示什麼。」長老說：「我想既然要喝酒，就必須要得到根本上師的允許才行，於是我就請示了。」

「他怎麼說呢？」

以下是師徒二人的對話：

「尊座，我想喝些酒，您覺得怎麼樣？」

1 頓舉年瑪，這是上一世（第八世）法王的名號，藏人私底下都會用法號直接稱呼上師。

「不可以喝酒！」八世法王說。

雖然馬上被拒絕，長老不死心，隔了幾天再次請示。

「尊座，我想每天喝一小杯酒就好了，您覺得可以嗎？」

「不可以喝酒！」八世法王還是一樣的答案。

又隔了幾天，長老再次請示。不過，這次想了一個完美的藉口。

「尊座，我想把酒當做藥水，每天喝一點，您覺得這樣可以嗎？」

法王說：「不喝酒，沒有誰會死掉的！」然後站起來，就走開了！

聽到這兒，自以為聰明的我，還跟長老說：「想喝，您還是可以偷喝啊！」我永遠記得長老一聽，馬上雙手合十置於額頭，一臉虔誠閉著眼睛說：「不敢！不敢！我怎麼敢違背上師的敕令呢！」因為完全沒有獲得根本上師的允許，所以長老終生絕不喝酒。

「也還好沒有獲得允許，不然一旦上癮了，那怎麼得了，上師的恩惠真是廣大！」長老說。

上師鑒知

其實長老所認定的上師是 第七世的法王——桑傑丹增（一九〇九～一九二九），雖然那一世的法王二十一歲就示現圓寂了，但是長老對他卻有著無比的信心，一直到離開人世的那一刻，始終念念不忘自己的上師。

記得有一次，法會結束後，扶著安江一起上山，到了房門前，他掏出了鑰匙準備開門，一不留神，鑰匙從手中掉落地上，安江脫口而出：「桑傑丹增！」乍聽之下似乎沒什麼，可是這說明在任何的情況下，皆能秉持勝解心憶念著上師，這是非常了不起的！帕摩主巴祖師說過：「勝解心若已得臻標準，就算在中陰一無所知，然而由於（勝解心）是一可（有此即可成辦一切）之道，因此，即可徹底避免迷亂而得解脫。」

長老卜卦時，所求的不是本尊（諸佛菩薩）、不是護法神，而是第七世法王，口中呼喊著他的法號。這不是摒棄本尊或鄙視護法神，而是確實明白，上師就是一切三寶與三根本的總集，無二無別。即如貝瑪嘎波祖師所言：「本尊空行護法眾，縱瞭為彼之嬉戲，除卻上師大士尊，吾等不尋他處依。」

後來發現安江幫我卜卦時，並不會呼喚上師的法號，急急跟他抗議：「吼！為什麼卜我的卦就不跟上師祈請？這樣不公平，您是隨便亂卜的！」

安江就會邊笑邊抓著念珠說：「喔！好！好！好！桑傑丹增鑑知，桑傑丹增鑑知。」有的時候可能是被我搞煩了，他就會把念珠丟給我，叫我自己卜，我說：「我卜不會準呀，而且我不會啊！」然後，再把念珠丟回去。

當然，也曾認真想過要像安江那樣有著準確的卦象，但是不確定是否具備那種資格，於是請示了長老。

「安江，我可以學『摩』嗎！」

「當然可以！」

「會準嗎？」我問。

「當然會，為什麼不會?!」

「我想學您的那種『摩』，可以嗎？」

長老心意加持

其實長老所用的占卜法已經失傳了，當我跟他說想學他那一套占卜法時，他說，從藏地出走時，卦象的書沒有一起帶出來，所以占卜之後的解卦，他是全憑記憶解說的。

一開始我還不相信，認為他藏私，盧他說一定沒那麼疼我，才不肯教我！

「真的不是，我真的沒帶出來！要我發誓嗎？」長老信誓旦旦的說。

「好啊！」

藏人很喜歡發誓，通常會對著佛像、佛經、佛塔、佛寺等境立誓，證明所言不假。但是，安江從不發誓的，所以，我才故意堅持著。

「好，發誓。」

「就這樣?!」

「這樣吧，」他一邊說一邊拿出一本被火燒掉一小角的書冊：「這本據說是卦法大全，裡面什麼都有，你就挑自己喜歡的去練習。」

「既然什麼都有，那為什麼沒有您的卦法？」我問。

「我的那種沒那麼普遍，不可能被收錄在這裡。」

翻開書頁一看，裡面有綠度母的、吉祥天女的、文殊菩薩的卦等等，還真的是不少。那本書裡面，長老推崇的是文殊菩薩三十六卦，告訴我如果想學占卜就學那個，我問說：「吉祥天女的不好嗎？看起來也蠻仔細的啊！」

「沒有不好，只是據說問到大事會不準。」

「哦？為什麼？」

「可能祂害怕做決定吧！」長老也做出驚恐的表情。

話雖如此，當時還是想學長老的占卜，於是，我說：「沒關係啊，就學您那種的，看您能教多少就是多少！」

「好吧！」把手上的念珠丟給我。

把念珠拿在手上，我問：「該怎麼做呢？」

「來，我教你，」安江慈愛地說：「先數四十二顆，以這四十二顆卜三次，每次以左手轉圈二次，邊轉圈邊說出問題，記下每次所抓剩的珠數。第一次是天卦，主求卜者的心態；第二次是主卦，主所問事的吉凶；第三次是尾卦，主事件後續的發展。」安江繼續說：「卜過的念珠就捨棄，念珠會愈算愈少，所以，應該找較大顆的念珠，不要像我這條念珠，『摩』起來很不方便！」

聽起來複雜，可是因為已經看過安江「摩」很多次，那些抓珠方法一聽就懂。但是重點在於要怎麼樣才能準確。

「我要怎麼樣才能像您一樣地準確呢？」

「多卜幾次就會準了，要相信三寶，相信自己！」安江說：「你現在就找個問題卜看看。」

「要問什麼呢？」突然可以自己「摩」，反而手足所措，不知該卜什麼了……

「你就『摩』看看是否可以完成四部經的背誦。」

這確實是一個好問題，於是數好顆數後，開始卜卦。雖然與長老非常熟捻，但是，畢竟是新手，第一次就要在占卜大師面前「摩」，形同班門弄斧，不免有所膽怯而看著安江。

安江以鼓勵的眼神看著我，點頭說：「你就放手去做，我以心意加持著，會準的！」這是我第一次，也是唯一一次聽到長老說出「我以心意加持著」這句話，如果從別人的嘴巴說出，一點都不稀奇，畢竟這個世界上，大有唯恐不被別人崇拜的人在！但是自稱不會觀修的長老，竟說出這種上師之言，實在讓我驚駭不已，因為他是絕不說謊的修行者，所以在這場占卜教學，無意中透露了自己的功力。

雖然那次的卦象諭示「將可完成課業」，日後也驗證了其準確性，但我仍舊依賴安江的「沙摩」，他有數十年的修行，圓滿完成上億咒數，根本令我望塵莫及。就像抓糌粑一樣，還是事無大小地請示「沙摩」吧！

如果我一再強調我的「摩」不會準確，安江會沉了臉，表情肅然告誡我：「絕對不可以這樣子想！你不可以懷疑自己，若你認為自己卜卦不會準，那就永遠不會準！要相信自己，而且要多練習，卜卦才會越來越準！」

既然要多練習，卜卦才會準！從那之後，要找安江長老卜卦時，我就會說：「安江，我是給您練習的機會喔！」

「是喔？呵～呵～呵～」他總是這樣笑吟吟回應。

方法不同，結果都一樣

四位瑜伽長老都各有自己占卜的方法。除了安江長老之外，阿曲長老是文殊菩薩占卜法；森多自己也會占卜，不過因為是我的老師，我不敢多問；至於安諦長老，好像沒有什麼門派，是自己亂抓一下念珠就會說出答案，所以我也沒學到。

四位長老的共同點就是都拿念珠當工具，隨手就可占卜。而且奇妙的是，安江、安諦兩位長老的卦不但準確，每次還都會出現一樣的結果，那是當地藏人都知道的事。

我自己就做過幾次實驗：同樣一件事，先問安江長老，然後再去請示安諦長老，真的都是一樣的結果。不過，當然是真正的疑問才敢去問安諦長老，他可不像安江長老那樣沒脾氣，他會在法會中咆哮，斥責不對的事情，沒那麼好說話的。

其實，安諦長老他也是很慈愛的，平常也會給我一些食物，還有每當我背熟一部經且通過考試，會給我獎金以資獎勵，雖然不多，但是對於當時還是孩子的我，卻有很大的鼓勵作用，會為了令他們歡喜而一直努力。

而且，應該是觀修鐵水閻羅（文殊師利菩薩的忿怒相）的關係，以忿怒尊為終生修持本尊的安諦，自然而然地散發出不怒而威、神采勃發的氣場，寺院僧人對安諦長老十分敬畏的。

其他兩位長老從不公開卜卦，所以沒人知道準確與否。安江、安諦兩位長老先後圓寂，圓寂後，寺院目前已經沒人占卜了。

經過我不斷介紹安江長老後，有人問我：「寺廟看起來就是生活環境很糟的地方，你在台灣應該過得還不錯，為什麼會想去，而且還能待得住？」

實際上，就像我之前說的，生活物資匱乏，可是精神資糧豐足，當年我曾十分自豪地想過：「台灣的二千多萬人裡，沒有人比我更富有，有將法教傾囊相授且疼我入骨的瑜伽士，而且這樣的法財、善緣還可以伴隨生生世世，沒有哪個台灣人比我更幸運了！」

我想可以支撐我在寺院的最大動力，是長老們的呵護、照顧與諄諄教誨，還有與法王之間的深厚情誼。特別是跟安江長老之間的感情，總讓我在回台時，是淚流滿面十分不捨地離開的。

順便一提，現在市面上的《文殊占卜法》，跟藏文原意實在頗有落差，台灣的藏文譯作幾乎都存在一個問題，就是雅有餘而詞不達。而且，過程中有段骰子跳動修持法被遺漏了，藉著不斷的持咒，修持成功時，骰子會自己跳動指示卦象。這些都很神奇也都學過，然而也是僅止於理解，我並沒有那樣的根器去完成「骰子自行跳動」這一環節。

白度母如意輪

過去有位行者一直想修誅法，無奈再怎麼精進，總是生不起任何暖相、徵兆，疑惑之餘，去請示了上師，該如何獲得成就。上師跟他說……

08 嘴巴找不到食物的日子

在往昔的康巴噶寺，藏人自幼出家所學習的，就是寺廟的儀軌事相，此外再沒其他世間的專長與技能。十一歲出家的安江長老，當然也不例外。

算術第一高手

有一天，快喝甜茶的時候，我走進長老的房裡，見他正低頭皺眉，原本以為在忙什麼，再一看，原來是在數錢。

我問：「安江呀，您在做什麼呢？」

「有人說要供養我們幾個瑜伽士，金額卻沒有剛剛好，叫我分給大家。」

「這有什麼難的?!」我問。

「共有六百元，不知道我們一個人該分多少。」安江長老說。

那時的瑜伽士，包含後進共有七位。我再仔細一看，因為長老不會除法，所以他很可愛地像玩接龍似的，把六百元的零錢分成七份，一共有二十元、拾元、伍元、貳元跟壹元各種面額的盧比。這不需要這麼麻煩吧！於是，我馬上接手幫他，當然很快就幫長老分配好，「好了，已經分好了。」我說。

長老擠眉弄眼的笑嘻嘻地說：「嘿！嘿！我怎麼知道你沒有騙我？」

「真的，安江，我沒有騙您！」我很認真地說。

「好！好！開玩笑的，我是在跟你鬧著玩的，鬧著玩的，你懂不懂?!你的算數很好，你幫了大忙了！」

哈！國中時，數學總是不及格甚至考鴨蛋的我，來到閉關中心竟然成了算術第一高手！可是還有剩下一點點錢，我建議長老別麻煩了，可以自己留下，您不肯，後來就放在安諦長老那一份了。

除了錢財，在飲食上，安江長老也一直秉持著「有得吃就好」的原則，所以完全不挑食。記得在我出發去印度之前，帶我去的仁波切問我喜不喜歡吃饅頭。

「饅頭？我喜歡，好吃啊！」那時我心裡想的是台灣饅頭的滋味～

「喜歡就好！」仁波切說：「我很不喜歡！」

再來一盤菜嗎？

乍到寺院的第二天，我被安排在法王的廚房吃飯。還記得午餐是饅頭，因為初來還算是客人，桌上有兩個盤子加一杯水，盤子裡放了五顆像花卷一樣的饅頭，另外一個盤子則是裝著寺院田裡種的青菜，看起來是不錯的健康餐。

滿心歡喜拿起饅頭一口咬下去……「噁～」差點吐出來，怎麼有股怪異的發酵粉的味道和麵粉粗糙的口感?!完全不是台灣饅頭的滋味！當時心想：「這是壞掉了嗎?!」但是因為廚師喇嘛就坐在對面，我不好意思吐出來，趕緊拿起水，把饅頭硬是灌下去，心想那就吃菜好了，一吃下去，結果真是受不了，我只能說沒吃過那麼苦澀的青菜，完全不是記憶中該有的味道。

為了不失禮度，我是一邊灌水一邊吃饅頭和菜，好不容易終於把一顆饅頭與一盤菜吃完了，廚師看我吃得很用心，以為我很喜歡，還用英文問我：「要再來一盤菜嗎？」「不！不！不！我飽了！」我也用英文回他。

走出廚房，看到帶我去的仁波切和其他仁波切正在一起吃飯，他問我：「怎麼吃得這麼快？」

「我吃飽了。」我說。

「那你吃了幾顆饅頭？」

「一顆。」

「才吃一顆?!他給你放了幾顆饅頭？」

「五顆！」

「趕快回去都吃掉！」仁波切罵說：「這裡不是台灣，你以為下午有點心可以吃嗎？到晚餐前，是沒有東西可以吃的！」

我只好又折返廚房，廚師似乎預知我一定會回來，盤子仍放在原位沒有收走。我緩緩坐下來，想著是在修苦行，一口饅頭一口水，終於，不知不覺竟把剩下的四顆都啃光了。

這是我活了十四年以來，第一次把不想吃的東西給硬吞下去，在台灣絕對是不可能的事。但最最冤枉的是，寺院後來流傳著：「那個台灣來的小孩真是好食量，一口氣可以吃下五顆饅頭！」唉，無言以對，真是百口莫辯……

其實，一直都吃不慣寺院的饅頭，真的是難以下嚥，後來跟安江長老說了，他叫我拿來交換。慶幸的是，寺院的廚房跟法王的廚房，饅頭大都出現在不同天數，所以，只要是吃饅頭的那一天，一定拿去跟長老交換。

此處要略為說明一下：所有的僧眾，都是由同一個廚房供應伙食，由寺院僧人投票選出的三位總管負責打理，每一任的任期是三年。但是，法王與祖古們不與僧眾同食，另有一個廚房，由阿曲長老欽點喇嘛來擔任廚師，任期是一年。

因為是不同的廚房，所以伙食並不相同。當初寺方是考量我一時無法適應僧眾飲食，而刻意安排跟祖古同一伙食，可是，好像也……差不多。

寺院跟法王的伙食，都是一天飯一天饅頭輪流著，配一道菜，沒有湯。除了過年加菜之外，平日裡就是這般一飯（饅頭）一菜地吃。

餓鬼母和五百個孩子先吃

長老們長年住在山上的閉關中心，所以每餐都會有喇嘛把飯菜分裝成便當送上山。我則是在法王的廚房，把三顆饅頭與菜盛在自己的盤子裡，拿上山跟長老交換米飯。

他不會馬上吃，總是會拿一顆饅頭做成朵瑪的樣子（吃米飯時也是這樣），口中唸唸有詞，我問說：「這是什麼意思？」

「有個餓鬼母，生有五百個孩子，時常因為沒有食物而挨餓，這是要迴向給他們的。」然後，吃了一顆半，再拿半顆做成另一個朵瑪，到此迴向圓滿。看著長老津津有味地吃饅頭時，其實心中也有些許愧疚，不禁問說：「有那麼好吃嗎？」

「好吃或難吃，只要過了舌頭，還不都是一樣！」長老說：「而且我喜歡吃饅頭。」

我不知道他是否真的喜歡吃饅頭，但是我確定食物對長老來說，只是生命的維持品而已，無關美味。

無須貪戀皮肉骨

每天早茶是長老幫我抓糌粑的時刻，我注意到他的手指頭——可能是因為長期的勞動，也可能是天生的緣故，長老的手指算是粗壯，而且形狀不怎麼好看。

一天早上，他照常為我抓著糌粑時，我忍不住說了：「安江，您的手指真難看！」說著伸出自己的右手，略微自豪地向他展示：「請看看，都不像我的那麼纖長好看！」

他聽了，笑眯眯告誡我說：「唉呀呀！你對自己的身體生起我慢心了，這麼貪戀身體，死後會變成蛆來啃食自己的屍體，千萬不要貪著它！」

他用沾滿糌粑的右手輕輕捏著我的左手，說：「看著！這是皮，裡面是肉，再裡面是骨頭，都是不淨物，況且這個朽質終有一天會化成灰燼，沒什麼可眷戀的，不必為了它生起驕傲的心態，更不需要為了它造業。」

總是在這樣的日常對談中，受到導正。不過，也不盡是我先發難嫌棄他的。早上喝茶吃糌粑時，我會坐在床的另一邊，和長老兩人相對而飲。

有天他端詳著我好半天，突然說：「真是難看的鼻子！」然後一邊喝著茶，一邊指著我的臉：「額頭長得寬闊，好看；眉毛也算濃密整齊，好看；眼睛長得還可以，嘴巴的形狀也可以接受，就是那個鼻子，有夠醜！」

這樣被批評後，我也注意到了長老臉上大而帶尖的鼻子，不但略略歪斜，而且鼻頭還有幾根毛！「您的鼻子好像比我更醜吔！」我說。

「是喔?!呵！呵！呵！你的比較醜！」

從那天起，只要長老看到我，十次有六次都會說：「難看的鼻子！」然後轉頭繼續做他手邊的事。

有次我先發制人，一看到他就說：「難看的鼻子！」

「你知道就好！」長老說。

「……」輸了！

後來，這兩句話，就成了父子二人的攻防台詞。

看臉相修天尊

有一次，我很認真地問長老：「安江！」我說：「我的鼻子真的那麼醜嗎？」

「是啊！」安江說：「很適合修忿怒法。」

「為什麼？」

「這種三角形狀的鼻子符合觀修忿怒天尊的緣起，你應該去觀修。」安江繼續說：「過去有位行者一直想修誅法，無奈再怎麼精進，總是生不起任何暖相、徵兆，疑惑之餘，去請示上師，該如何獲得成就。上師跟他說：『你的臉就是適合修寂靜尊的緣起，修忿怒天尊難以成就。』但是他表明了自己的堅持，請上師指點迷津。『如果你還是非修不可的話，』上師說：『去找一個忿怒相的人作為助伴，將有助於你成就。』行者請示上師什麼是忿怒相。『濃眉鬍髭血絲貫穿眼，身壯多毛易怒三角鼻。』行者依著上師所囑去尋找，果然在市集裡，找到這樣的人。後來二人一起修持，行者終於獲得誅法的成就。」

「是喔？」我問：「那我適合哪一種？」這樣問的意思是，在密乘中，威猛屬於四種事業[1]中的第四種。其他依序是寂靜，例如觀音、度母；增長，例如文殊、財神；威懾，例如蓮花王、金剛亥母等等。若能觀修自己所屬的天尊，能夠更迅速地成就。當然，當時並不懂這些，只是好奇而問。

安江含笑看著我說：「嗯，看鼻子的形狀，應該修忿怒天尊；看額頭的話，應該修增長天尊；看眼睛的話，應該修寂靜天尊；看眉毛的話，應該修忿怒天尊；看嘴巴的話，應該修寂靜天尊；看耳朵的話，應該修增長天尊。」

「這等於沒說啊！」我問：「那到底是要修誰呢？」

1 四種事業：為了度化不同根器的有情，在密法中採用四種方法加以引導，分別為息滅、增長、懷攝、威猛，又稱為息業、增業、懷業、猛業。詳細內容見同段所述。

「想修哪一尊就修那一尊嘍。」安江說。

蓋一棟有飯吃有茶喝的廚房

跟長老們聊以上話題是我最喜歡的。在寺院裡，跟同輩的年輕喇嘛，總是話不投機，他們喜歡看印度電影，喜歡踢足球、打板球，喜歡聊電影明星，喜歡吃辣椒、喝甜茶，都是我沒興趣的。也因此，即使是假日，不是一直纏著安江長老，就是去聽安諦長老說傳承祖師的傳記，或是鬼魔、殭屍的故事（趁機吃安諦他的食物），不然就是陪著年幼的法王一整天。

藏人都說我講了一口流利的康巴話，老一輩的喇嘛也說沒辦法把我當作漢人，他們認為我就是康巴人，我想語言應該就是那樣耳濡目染被訓練出來的。

安江與森多兩位長老更是常說：「你前世一定是我們康巴噶寺的僧人，只是不知道為何緣故投胎去台灣而已！也一定是前世的願力，讓你再從無涯大海的那一頭又回來 尊座座下團聚的。」

我不知道自己的前世是不是那樣，但是和一群老瑜伽士們在一起很快樂，倒是真的。在寺院，完全不會想家，應該與瑜伽士們的醇厚情誼有著很大的關係。

剛去的那幾年，必須坦白地說，因為對於環境不熟悉，所以除了三餐之外，真的沒什麼可以吃的東西。當看到家住山腳村莊的喇嘛，父母日日送來食物，雖然只是一兩片很簡單的藏式烤餅，在我那個總是吃不飽的年紀，始終羨慕不已。雖然在台灣時，自己也是嬌生慣養，想吃什麼就有什麼，但在印度的寺院裡，遠水救不了近火，加上必須長時間用力唸經的關係，消耗許多熱量，常常處於肚腹空空的狀態。

在寺院的誦經、背經皆需大聲唸出，說是吵架的音量，一點都不誇張。剛去的時候，很不習慣用力唸經，那與台灣唸書的方式大相逕庭，寺院認為音量大，可以有助於記憶，或許真是如此，但是非常消耗熱量是我很肯定的！

在台灣是食物找不到嘴巴——東西吃不完；在印度是嘴巴找不到食物——沒東西可吃。不過，還好有安江長老與森多長老的悉心照顧，讓我還有珠瑪當早餐，以及下午的一片烤餅可以裹腹，雖然不豐盛，可是對於當時的我，已經覺得很滿足了。

也因為自己走過這樣的成長歷程，所以當上總管之後，第一個目標就是要求改善飲食，且要能讓所有的小喇嘛都能吃得飽，而且保證廚房隨時都要有茶喝、有飯吃。

香積樓落成典禮

安江：「唉！有個叫做死亡的事情在等著你，你知道嗎？你可曾想過你會死嗎？」

接著告誡說：「你千萬不要想要為人上師，當人家的上師沒有任何的意義。」

09 注重因果，如護眼珠

這天午後，安江長老正在為佛像裝藏，讓我幫忙剪紙時，只見他拿起一些碎爛的綢緞片，用剪刀剪下一小塊後，再放入佛像裡。按照本寺裝藏的傳規，除了要以經卷塞滿整個佛像的內部空間，在最後的蓮座部分，還會放入各種加持物，包含祖師大德們的衣服或聖物，因為密乘深信佛菩薩、祖師大德具足加持力，因此他們所碰觸的任何衣物，都被視為聖物。

佛出現在哪，沒有人知道

「這是哪位大上師或成就者的衣服嗎？」我好奇地問。

「不是，這是我們的舞服，已經穿爛了，因為已經破舊，我拿來當加持物。」長老說。

「是我們跳金剛舞時，穿的那種衣服嗎？」我懷疑地問長老。

「是啊～」

「這不是我們這些僧人穿過的那些服裝嗎?!」我驚愕地問。

「對啊～」

「我們這些喇嘛穿過的衣服，哪會有什麼加持啊?!」我脫口而出，不敢相信自己的耳朵。提問的同時，心中浮現的是那些和我同年紀或稍長的喇嘛平日的言行，不是崇拜電影明星就是踢足球、打板球，再不然就是言不及義地聊些八卦，這樣的人會有什麼加持力啊?!

「不！不！不！」安江長老很認真地說：「佛出現在哪裡，沒有人會知道，所以這些布料是有加持力的！」

「哈！如果您是指那些年輕喇嘛的話，我敢說絕對不是佛！」我十分不以為然地說。

「佛陀披著人皮混跡世間，你會知道嗎？」

「會啊！」我強詞奪理地說。

「喔呀～」安江長老一聲不響，繼續裝藏。

這是長老典型的反應，他不喜多言更不喜爭論，如果覺得對方不受教，他就會停止說話，默默地做自己的事。其實，全寺也只有我敢跟長老在言語上你來我往的，其他人大多數都是抱著尊敬的心，唯唯聽從地回應：「拉搜（藏語「遵命」之意）。」

現在回想起來，安江長老大多數的時間不是在持咒就是誦經。即便在裝藏，如果不是我在旁喋喋不休，他一定也是持咒進行著。但是話說回來，即使他是在裝藏，我相信就算我在旁邊聒噪不停說三道四，他也必定心不散亂地安住在大手印的境界當中，因此，這種境界的裝藏，才是最殊勝的。

三寶是最尊貴的福田

在華人的觀念裡，我們要敬老尊賢，所以從小所受的教育就是要禮讓長輩；在藏人的觀念裡，出家人是三寶之一，是在家人的導師，所以備受尊崇，只要能供養僧人，就會得到福德。

剛去一年多，有天中午剛好在安江長老的房內聊天，當時床上放著一些物品，所以我只好坐在床邊的椅子上。

頓然走進一位滿頭白髮的藏人，年紀大約六十歲出頭，為了表示恭敬，他是彎腰低頭走進來的，隨後跪在長老的床尾，跟他說了自己的問題——原來是要來占卜的。

彼時我想，自己是小孩子，於是很自然地就起身，想要讓位給他，但是白髮藏人只瞄了我一眼，依舊跪在原地不動的求卦、等卦，完全沒有要坐的意思。長老看到我的動作，當下並沒說什麼。等後來老人走了，長老便責問我：「小子，你剛剛為什麼要站起來？」

「我……想讓給那個老人坐啊！」

「哪有僧人看見俗家人要站著的?!」

「可是在台灣，我們會這樣啊！」我說明。

「沒有僧人讓位給俗家人這種事！」長老繼續說：「而且你這樣恭敬禮讓他，不但損減三寶的威望，也是在折損他的福德！」

這種僧高俗低的觀念，即使是台灣的佛教徒也不見得能全盤接受！但是，在長老的心目中，上師、三寶才是最為尊貴的福田，絕不是他拘泥於得到別人的恭敬，而是他確知三寶的功德。俗話雖說，出家人三關難過，分別是名關、利關、恭敬關，然而，我所看到的瑜伽長老們，完全沒有這方面的困擾。

當上師是要下地獄的

因為瑜伽長老們畢生修持精純勇猛，自然而然地在康巴噶這個傳承裡，不分僧俗都極敬重他們，多數人會在自家的佛桌上，供奉每位瑜伽士的獨照或合照。可是千萬莫讓安江長老看到他的法照被放在佛桌上，他會一把搶下，然後……如果是獨照，他就直接撕掉，如果是合照，他會用指甲把自己的臉摳掉。

所以如果事先知道安江長老要來，為了保存法照，藏人必須先收好藏好，萬萬不能讓他看到。

「為什麼要這樣啊？」有一次我不解的問：「人家就是對您有信心啊！」

「放這個沒有意義，只是在欺騙他人而已！」

如果終生持咒觀修，一輩子以利他菩提心為志向的行者，不堪受人敬重膜拜，真不知還有誰有資格?!

我一度以為出家就是要自度度他，曾經在與安江聊天時，大談以後的志向，說是學成回台灣之後，想要弘揚佛法廣收弟子，這樣才算光耀祖庭，也堪稱荷擔如來家業。

聽我說完，長老露出憂心忡忡的眼神，定定地看著我說：「唉！有個叫做死亡的事情在等著你，你知道嗎？你可曾想過你會死嗎?!」接著告誡說：「你千萬不要想要為人上師，當人家的上師沒有任何的意義。」

「為什麼不要？」我問說：「在故鄉台灣，很多僧人出家十幾年後，就開始收弟子了啊！」

「當上師是要下地獄的，你想去嗎？」長老繼續說：「今世先別急著要利他，利他固然重要，但沒有證量就談不上利他，祖師云：『證量令己解脫，悲心令他解脫。』先捫心自問，當無常來臨時，有無能力、把握去面對再說吧！」

安江這輩子沒收過一個徒弟，他的理由是：「我知道自己有幾斤兩重，用不著自不量力地去偽裝自己，欺騙他人。」

一直到圓寂前，長老都是不攀緣的，雖然幾乎都是孤單一人，但他永遠都是那麼的樂觀瀟灑，除了憶念上師、修持法教，對一切事物沒有任何貪執。

啃食自己尾巴的大魚

出家人的錢財來源，不外乎是度亡所得供養以及信眾的一般供養。安江長老的使用方式是將「一般供養」轉給寺院，作為日常開銷，像是伙食與舞服或法器的費用；「度亡的供養」則用來買油點燈、印製裝藏所需的經咒等，為亡者祈福消災。

他說：「供養金要獻予常住，才能利益功德主；若要受用度亡供養，除非是能夠親見亡魂並超拔至淨土或人天善趣，否則僅是照本宣科的超薦，徒然害了自他。因此，必須將供養金獻給常住，自己則為亡者誦經迴向、發願。」

他說了一個故事：「我們的祖師 凌卿惹巴尊者[1]（一一二八～一一八八）有次帶著一班徒眾，路過雅卓雍措湖的時候，凝視著湖面後，搖頭說道：『阿卡卡！（藏語的惋惜、憐憫之意）切勿貪信財！切勿貪信財啊！』」

弟子們連忙問說怎麼一回事？

「這座湖裡有一條大魚！」尊者說。

弟子們當然看不見，他們請求尊者讓他們也可以親眼得見，於是尊者大顯神通，讓湖水暫時乾涸。

眾人頃刻間望向湖底，只見在湖的內沿圍有一條極大的魚，因為體積過於龐大，只能繞

---

1 參見附錄07。

湖捲成一圈而扭動，也因為身體過長，無法捕食，在飢餓難耐下，只能啃著自己的尾巴。而且在牠每一片魚鱗的縫隙裡，都有牛馬一樣大小的蟲在啃食著，看起來萬分的痛苦。這樣觸目驚心的景象，眾人驚疑詢問尊者：「這是怎麼回事？為什麼會這樣?!」

「在後藏那邊，有一位咒力十分強大的上師，」尊者緩緩地說：「每幫亡者修一次度亡，就向家屬收取一匹黑馬作為供養，所以被稱為『黑馬師父』。可惜他並沒有能力真正度走亡魂，所以投胎為這條大魚，必須以這樣的身體來償還那時所享用的信財，承受此業報！」

「所以……」長老的結論是：「信徒供養的信財，特別是度亡的金錢，不是我們可以恣意享用的。」

也因此，長老這一輩子兢兢業業，謹慎度日，注重因果如護眼珠，寧可窮困度日也不營求名利，態度之殷重，實非我等所及其千萬分之一。

《拙火氣功》與《大手印》怎麼兼修？其實，法門雖異，二者卻能相通。我們的身體不外乎以心、氣而生，然而毫無修持的緣故，心亂導致氣散，氣散導致心亂。觀修《拙火氣功》能以氣御心；觀修《大手印》則是以心御氣，二法有著異曲同工、殊途同歸的功效，是極為迅疾的成佛之道。

10 白衣出家人的生死傳奇

安江長老說過，他還年輕時，在考慮是否進去瑜伽潛修中心當一名瑜伽士前，曾經請示過前一世的 確袞仁波切（一八八五～一九六四）以「沙摩」觀察吉凶，想知道自己是否能夠勝任艱苦的瑜伽修行。

前文解說過，「占卜」的藏語是「摩」，請高僧大德占卜時，則以敬詞稱「沙摩」。

歷世的 確袞仁波切幾乎都與我們的 康祖法王互為師徒，在傳承上的地位崇高尊貴。根據傳記所載，第一世的 確袞仁波切（一五〇一～一五八二）由於咒力強大，可以隨意差遣護法神，即使是護法之王瑪哈嘎拉[1]，仁波切依然像召喚侍者一樣呼來喚去。

確袞仁波切為安江以「沙摩」觀察吉凶之後，豎起大拇指跟他說：「你繼續當僧人，終此一生將是優等僧人；」然後再伸出食指說：「如果進去閉關中心，那將會是一個上等瑜伽士。」

1 參見附錄08。

「既然卦象不差，那就進去了！」安江長老下定了決心。

奉持比丘戒的白衣瑜伽士

這是長老跟我說的他最初進入閉關中心的因緣。不過儘管所有的瑜伽士們都那麼地精進奮迅，戒律也那麼的清淨，奉持比丘戒，深受敬重，但是因為他們的裝扮與西藏一般娶妻在家修行的「咒士」[2]無甚差別，所以常被我們傳承之外的人士誤會是「爸爸」（這是藏式幽默，只有自己的孩子才會稱呼自己為爸爸，這裡引申為是娶妻修行的在家人）。一九五九年動盪之前，躲在山上修行，沒人看得到還好，來到印度之後，就免不了常被誤認。

森多長老曾經因為罹患了肺結核而住院，他的鄰床是一位格魯派的格西[3]，也是肺結核患者。兩人稍熟之後，有天格西突然問長老：「咒士啊，你有幾個小孩？」森多長老先是愣了一下，因為從來沒有人會問他這種問題。

「我又沒有老婆，哪兒來的孩子啊？」他回答說。

「你明明就是一個咒士！」格西說：「怎麼可能沒老婆？有幾個小孩就直說啊，沒關係的。」

2 咒士：原指修持密咒有成者，後來一般也泛指娶妻生子的在家修持者。
3 格西：意為「善知識」，後於格魯巴成為學位的稱謂，同為格西，又有年資與學歷之別。

「不是，我真的沒老婆，我是一個出家人！」

「你是一個出家人?!」格西搖搖頭說：「你蓄留長髮又穿白裙又披彩布的，一看就知道是一個在家人，怎麼會是出家人?!」

「我真的是一個出家人，我沒有娶妻生子！」森多再次申明。

森多長老告訴我，當時無論怎麼解釋，格西就是不肯相信，始終認定他就是咒士。本寺的瑜伽士不但是出家人，還是持戒的比丘！然而為什麼要蓄留長髮又穿白裙又披彩布，完全是一副在家修持的打扮呢？這是有典故的。

第四世法王藉由一位女山神的提醒，明瞭必須紹承第三世法王的遺願而建立實修的規制：重新恢復密勒日巴時代的裝束，以「大手印」為見地，「那洛六法」為修持，「六等味法」為行為，「七代緣起」為果位。

如同四世法王所訓示：「外現在家相，內持比丘戒，常懷菩提心，廣度眾有情。」

來到印度之後，因為炎熱的氣候，曾讓瑜伽士們興起想剪掉長髮的想法，然因未得 第八世法王的允准，所以蓄髮的傳統依舊被保留到今日。

拙火融化嚴冬的奶油

他們究竟是多麼精進勢猛地修持呢？安江有一位師兄，法名是「那旺塔勝」（一九一〇～

一九四二）。安江剛進去閉關的初期，曾蒙受那旺長老指導拳法，他格外推崇這位師兄，常說：「拳法打的優美之至，以那樣的精勤修持，如果真有什麼成就可以在天飛翔的事情，一定非他莫屬！」並且不斷讚歎說：「再也找不到像那樣的修行者了！」

到底如何精進勤勇呢？那旺長老在出家後，用功誦經、學習儀軌，平常空閒時，不是手持念珠繞寺經行，就是在寮房裡閱經，很少和人閒聊。閉關中心的長老們認為這是個可造之材，在詢問其意願後，引薦他進入閉關中心。

在明卓長老的指導下，修習「轉心四思惟」，以及「四加行」，接著持誦本尊心咒，繼而專致一心地觀修那洛六法的「拙火氣功」和了悟自心實相的「大手印」。

或許有人會疑惑「拙火氣功」與「大手印」怎麼兼修？其實，法門雖異，二者卻能相通。我們的身體不外乎以心、氣而生，然而毫無修持的緣故，心亂導致氣散，氣散導致心亂。觀修「拙火氣功」能以氣御心；觀修「大手印」則是以心御氣，二法有著異曲同工、殊途同歸的功效，是極為迅疾的成佛之道。

那旺長老精進堅猛。平日保持禁語，每晚只睡一個時辰，醒後，或持咒、或觀「大手印」或修「拙火氣功」、或打拳，絕不懈怠。

安江提起，進去閉關的初期，蒙受那旺長老指導拳法，因他保持禁語，但有些細節不是單單模仿動作即可，讓新進的安江他們實在不知所措，於是眾人一起請求說：「請您開口說話吧，若是因此產生了什麼罪業，我們願意承擔！」聽了眾人的請願，那旺長老笑了，解除禁語開始教學。

有年冬天，那旺長老想試試自己的拙火功夫，找了另外一位瑜伽士為伴，一同在閉關中心的廚房內，持續觀修氣功長達一個月，然後才正式測試自己的功力。

在測試的過程中，因連日來過度疲勞而雙雙昏睡過去，等兩人醒來時，發現置於櫃子上的奶油竟然都融化到地上來了。在隆冬嚴寒到連土地都結凍的藏域氣候下，新人能有這樣的佳績，實屬難得。

沒多久，那旺長老被委任在閉關中心的護法殿誦經供讚傳承護法神眾。一年後，他提出辭呈，表示想獨自嚴格地閉關三年，希望其他長老們能夠同意。

得到允許後，那旺長老選擇在潛修中心的後山，一處在許久前因為曾經被苯教徒當過道場而喚作「苯窟」的山洞作為關房。他也傳話給家人，表示因為是嚴格閉關，按月送糧來關房時，盡量避免在家人遞送，希望能夠轉請出家人送來。入關兩個月後，安諦長老的父親受其家人所託，揹著一袋青稞粉，正要繞過潛修中心時，恰巧被另外一位瑜伽士唐秋長老（一九一八～一九六三）給瞧見了，唐秋長老問他要去哪兒？

他回答說要送食糧給那旺瑜伽士。「咦？不是說好要找出家人送糧的嗎？怎麼會是你？再找不到人，也可以找安諦啊！（那時安諦長老還沒進去閉關中心，仍在寺院。）」但唐秋長老又說：「好啦！好啦！這次我就代你走這一趟，回去轉告那旺的家人，下次要記得找出家人送糧。」

預知死期將至

於是，唐秋揹著那一袋糧食走到後山去找那旺長老，他們倆因為平時相交甚篤，既是師兄弟也是好友，所以彼此之間的談話也較隨便輕鬆。快走到茅窟時，因為山洞有點高度，必須要藉助繩梯才能上下出入，唐秋長老喊著：「喂！那旺，我給你千里送糧來了，別擺架子，還不快點把梯子放下來，出來迎接我！」

話才說完沒多久，卻見那旺長老臉色蒼白，滿面病容，有氣無力似的把繩梯放下來，斜倚在洞門口等他。兩人走入關房後，唐秋長老問說：「你怎麼了？看起來像是病了的樣子？」

「我有點不舒服。」那旺長老說。

唐秋長老精通醫術，本身是位藏醫，聽了之後立即為那旺長老診病，把脈後大驚：原來他的脈象竟已全斷！這是藏醫的說法。藏醫學派認為，人在死亡前，脈絡會全斷，若是精於把脈，可以藉此得知死期。

當年才二十五歲的唐秋長老生性頑皮爽朗，平時就愛開玩笑，所以他也不隱瞞病情，很坦白且略帶揶揄地說：「哇！你的脈象已斷，就快要死了吔，怕不怕呀？」

那旺長老當下聽了，臉上露出笑容，指著自己的座位再指著前方洞口的階梯說：「比從這兒走到那兒還不怕。」

唐秋長老也回以會心一笑：「有想要吃或喝些什麼嗎？」

「可能的話，倒想喝些優格。」那旺長老說。

「那我現在就去找，回來時，你還在吧？」

「大概會吧！」那旺長老說。

唐秋長老急奔下山，先稟告長老們那旺長老的病況，並請他們一起到茅窟去協助往生。可是長老們或許因為天色將暗，山路難走，他們暫不打算出門，只是說：「嗯，今晚應該不會有事吧？明早再去好了。」唐秋長老聽了也不敢勉強。

時間緊迫，唐秋長老四處詢問誰有優格，可是問遍整個潛修中心，當天下午竟沒有一人釀出優格。他只好再跑去寺廟問遍所有僧人，也真不巧，那晚，每一間寮房都沒有釀製優格。後來又跑出寺院，在山下的村莊裡，挨家挨戶的化緣，總算在一個老婆婆的家裡，尋到了兩碗品質不是很好的優格，他即刻再飛奔上山。

跑得上氣不接下氣，就只怕那旺長老頓時圓寂了！折騰了一整個下午，到了茅窟時，皓月剛出東山，那是秋夜的十九，朗月格外澄曜。走進洞內，見那旺長老人還好好地直挺挺盤坐著，唐秋把兩碗優格遞給他，看他喝得很香很甜。

勇父空行的嗩吶聲

喝完後，那旺長老說道：「麻煩你將咱們六法裡面的《中陰引導法》唸一遍吧！」

唐秋長老依囑從頭到尾唸誦了之後，始終專注聽著的那旺長老點了點頭：「好！可以了。」

然而，唐秋長老因為跑上跑下的緣故，霎時備感疲倦，對那旺長老說：「我有些疲倦，想先睡一下，你時候到了再叫我。」

那旺長老答應了。身體才剛要躺下，唐秋長老忽然聽到從遠方傳來很悅耳的嗩吶聲，問說：「咦，好像哪裡在吹嗩吶？」

那旺長老這時略為訝異地反問：「怎麼？你也聽到了？」

在敝派的《中陰祈願文》裡，就有著：「欲色無色夜叉人非人，人暨畜生地獄與餓鬼；投生生門閉已空行（淨土之意）中，勇父空行迎接祈加持。」這是說，人在死後身心分離時，下一世投胎於三界六道之任何處，將從心識離開身體的通道來決定[1]，行者在關閉身體投生六道的各種管道後，祈求由勇父空行前來迎接。

1 在貢噶巴久祖師所著的《中陰祈願文》裡，倘若錯過認持法身，神識必得離開身軀時，提到「神識若不住彼而遷徙，肚臍眉間囟門與耳鼻，眼暨糞道尿道嘴九者，閉已區別一門祈加持。」基本上，神識若非經由梵穴，而是以此九孔為道而出身軀，除非能夠藉由外力超薦，即是再次落入六道輪迴。

觀修氣脈的瑜伽士，因為已可駕馭心氣，所以即將往生時，會出現勇父、空行前來迎接的瑞相，這是安住在自己體內的勇父以及空行母眾，在行者肉體即將敗壞前，顯現於外的緣故。通常只有即將往生者才能現此瑞相，唐秋長老當時也能聽到，修持上肯定亦非泛泛。

「聽到了啊！吹得還真好聽呢！」可能真的太累了，唐秋長老說完，就倒頭大睡了。

似乎沒過多久，那旺長老叫醒唐秋長老說：「好了，別再睡了，我要走了，你也起來坐著吧！」

唐秋長老摸了摸他的身體，發覺腳盤已經冷卻，趕緊用力地搓摩取暖，只見那旺長老搖著頭說：「不必了，隱沒次第[1]已開始了。」隨即闔眼，安祥入定而逝。

享年三十三歲的他，只比安江長老大兩歲，當時約是公元一九四二年左右。

母子光明相會

人在即將斷氣往生前，體內的地、水、火、風四大元素會依序敗壞，接著消融到意識，最終再到光明，稱為「隱沒次第」。

在「臨終中陰」階段，母光明亦稱如來藏（或稱本覺光明）將會出現，生前已經具備悟境，有「大手印」等修持經驗者，其悟境稱為子光明，在母光明顯現的時刻若能認持此即生

1 或譯為：消融次第。

前所悟之空性，就是所謂的「母子光明相會」，能證得法身佛，死後即能入定[2]，殊勝至極。

錯過了這時段，即會出現第二中陰，又稱「法性中陰」，此時方現文武百尊等等佛菩薩的境相，成功認持者，即成就報身佛；再錯失者，則進入「中有中陰」，這是抉擇往生淨土或墮入六道的時段，一旦墮落，萬劫不復。

自他交換，代受眾生苦

那旺塔勝長老於臨終前的自在，那麼與那旺長老輕鬆談話的唐秋長老修持又是如何？他的「把握」真的那麼了得嗎？

在一九五七年時，第八世法王因為受到傳承護法神眾的勸請，在解放軍入藏之前，就已經帶領瑜伽長老們以及若干僧人，攜帶了傳承的法本、歷世聖物，一同以朝聖的名義慢慢地離開藏域，唐秋長老當然也跟隨著 法王來到了印度。

生性豁達樂觀的唐秋長老，為人風趣且不拘小節，本身除了精通醫術，拳法也練得十分了得，眾長老一致推他為主要指導人，向他請益。

由於剛到印度的前幾年，經費嚴重短缺，法王無力購地建寺，因此大眾皆是隨著 法王四處遷徙租屋而居。

2 藏語：圖檔，又譯：意誓。

到了大伙兒又須搬遷至一個名為「達老豪斯」的地方居住時，搬離前的幾個月，唐秋長老胃脹氣的老毛病復發，本身雖是擅長岐黃之術的醫者，奈何手邊並無餘錢購買藥材調製藥方，以求對症下藥，所以只得任由病情惡化，後來才知道已經轉成了胃癌！

不過，即使痛不可言，唐秋瑜伽士當時就對去探病的 德頌仁波切說：「如果就疾病的疼痛來說，那真的是無可忍受的痛，但是我發願以這樣的疼痛來替代眾生承擔所有苦痛，想到能以此疾病來利益眾生，我的疼痛都不見了，心中只有歡喜～」

即使已經病痛纏身，長老的心中還是不忘利他的修持，利用自身的疼痛，藉著呼吸觀修「苦樂取施」[1]，增勝愛他勝己的菩提心。這才是學習佛法的態度，也才是大乘佛教徒的精神！可惜現代人的學佛與拜神快差不多了，學密也與學道沒什麼兩樣了……

縱然病情日漸嚴重，已經近乎無法行走，但為了不給眾人帶來麻煩，唐秋長老還是勉強隨著僧眾遷移。

沒幾天，就已經嚴重到無法離床，僧眾看情況不對勁，臨時勉強湊了些錢，緊急抬著長老到山下一家小診所就醫。醫生略作檢查後，認為這應該是胃癌，應該轉送到大醫院，進行更慎重仔細的檢查與治療，但是以當時寺院的財務狀況是辦不到的。

經由翻譯得知印度醫生所言，長老拒絕待在診所，且略略顯得著急地說：「再多的現代

1 一般亦稱「自他交換」，將自己的安樂、功德贈與他人，將他人的苦痛、罪惡攝於自己的呼吸觀想。

醫療，也是不可能救治我的，更是不必要，麻煩各位現在就將我抬回到住處吧！」

合掌祝福，瀟灑地涅槃

幾位僧人依囑將長老抬回寮房，坐在床上的唐秋長老，此時顯得很喜悅，之前的病痛折磨看起來像是已經不存在的樣子，又恢復了爽朗的笑容。他合掌慰問每一位抬他回房的僧人，向他們頻頻致謝，並祝願眾人健康無病，福壽綿長。

然後，就像小說描述高僧涅槃的情況那樣，唐秋長老盤起金剛跏趺坐，將手掌疊置於臍下，安適從容地闔上雙眼，安然自在入定而逝。世壽四十六歲，時公元一九六三年左右。

在親送自己的師兄兼摯友那旺長老離去的二十一年後，唐秋長老自己也以雙盤坐姿吉祥示寂，入定三天後，寺院才舉行荼毘[2]。

在場的僧人後來回憶感嘆道：「就是這樣，就這麼瀟灑地涅槃了！」

修行的成果總是讓人欽羨的，但是我們往往忽略，再高深的大法也必從基礎練起，再瀟灑的圓寂也是以實修為淬煉過程，只能一步一腳印的邁進，絲毫馬虎不得。

2　荼毘：是梵文 jhapita 的音譯，即是火化的意思。

（由左至右）曲雷長老、索巴長老、唐秋長老。

萬法由空性而生，終將消融於空性，這在密法的修持裡，是不變的大原則。即使在大禮拜這等基礎的教法裡，也不離這樣的範疇，因此，由空性所化現出的皈依境聖眾，除了理解與上師無二無別外，大禮拜之後還必須融入自心，將自他消融於空性當中，繼而，觀看自心本來面目。

11 瑜伽士是天生的教育家

記得二十歲時，背完經後，長老跟我說：「何不趁著一個月的假期，把四加行裡面的大禮拜完成呢？」

「要拜多少下啊？」我問。

「十萬拜。」安江長老說：「再加補充不足的一萬二千拜，一共是十一萬二千拜。」

「蛤?!」我詫異地說：「拜這麼多下，時間又這麼短，我怎麼可能完成啊?!」

「一天拜它個四千下，一個月內一定可以完成的。」長老說。

「四千下?!」我驚訝地喊了出來：「怎麼可能？這太難了！」

「一天才四千下，有什麼好驚訝的？」長老催促我：「去吧！去拜吧！不要白白的浪費了你畢業後，獲得的第一個假期！」

「可是我不會拜啊！」

其實進行大禮拜時，必須唸誦的儀軌，對我已經不成問題，因為都已經背得滾瓜爛熟了，但是，觀想的流程、禮拜的方法，卻是一無所知，所以，我跟長老說：「您必須教我啊！」「去找安諦，去找安諦，」安江長老連聲說：「他才能夠教導你，我什麼都不會，沒辦法幫你。」

「可是我不敢跟安諦開口啊！」我說：「我怕他會兇我……」

「你是去請示佛法的，他為什麼要兇你？別再說蠢話了，趕快去！」

「喔，好！」

實修法門的善根

我也不全然是因缺乏意願而推託，安諦長老真的會在法會中，厲聲訓斥僧眾的疏失，長老就算不講話，光是望著他，都覺得氣勢雄偉，有一種說不出來的威嚴，可是他又不是跟誰在生悶氣，就是自然散發著顧盼雄毅、神威凜凜的光采。其實，長老另有慈祥和煦的一面。

據說前一世的法王更甚於此，讓人又敬愛又畏懼。我向來不喜歡怪力亂神，但是閱人不多的我只能說，觀修忿怒本尊有成者，給人的觀感真的不太一樣。

去安諦長老的關房，其實也可以很開心，因為那邊有很多的食物可以吃可以喝，善於說故事的長老，有說不完的祖師傳記與許多鬼怪跟殭屍的故事……聽著傳記，神遊於師徒耳語、卓絕苦修、成就者鬥法的情境，似曾相識的對話與情節，隱約間對祖師有份形容不出的親切感。聽著祖師行誼，不禁生起信心；聽著鬼怪跟殭屍的故事，又會讓人神遊於鬼怪顯能、驚險詭譎的景況中，彷彿身歷其境而驚嘆護法的神威勇烈，重誓甚命！

不過，去求法倒是我的第一次。安諦長老很慈藹也很仔細地看著儀軌，順著字句徐徐解釋如何觀想。

想到他的引導來自前一任的龍頭——曲雷長老，而其來源是明卓長老，再往上可以溯源至第三世法王乃至於噶舉巴諸位祖師時，心中充滿著莫名的感動。

「所有的祖師都是依循這樣的傳統，藉著努力修持獲得成就的。我今天也有這樣的福分踏入這種實修的法門，不管日後修得如何，單單聽聞，應該也是有著宿世的福緣、善根吧！」少年的我心中確實是有些激動的。

沒有誰會掉下來

不過宿緣歸宿緣，激動歸激動，菜鳥聽法還是會發生一些愚蠢的事情。

講到皈依境的那棵如意寶樹上的祖師眾時，相信大家都清楚，圖像上是如扇子或如山丘狀一樣的堆疊起來的，去印度之前曾看過皈依境，所以有些印象。

但是安諦長老卻教我，所有祖師必須像念珠一樣，從第一代祖師直到自己的根本上師，一直線地上下堆疊排列。

「是不是聽錯了啊？」我心想，於是鼓足勇氣問：「安諦，請問祖師眾是一直線地堆疊嗎？」

講得正興起的長老被我打斷了，很堅定地回覆：「對，是一直線！」

「可是我看唐卡裡面所畫的，都是往左右散開來的啊！」壯著膽子再問。

「那只是因為唐卡裡容納不下，所以才必須畫成向左右擴散。」長老還特別拿出念珠，用雙手上下拉直後，跟我說明：「必須像這樣，上師都在弟子的頭頂，上方上師的座墊距離在下方弟子的頭頂有四指的距離。」

還是不太相信的我，依舊有所懷疑。為了更加確定，只好追問：「這樣不是會變得很高了嗎?!」

接下來的回答，讓我哭笑不得，但也解除了疑惑！

「沒關係！」長老很自然地回應：「沒有誰會掉下來。」

至此，我完全確定，必須要這樣觀想，並不是老人家弄錯了！

不會觀空，也要裝會

事實上，這樣的引導教學，也讓我印象深刻，以至於一直到現在，二十幾年過去了，尚能記得引導的內容。只能說，瑜伽士們都是天生的教育家。

佛法裡面有一個核心概念，就是「緣起互依」與「空」。宇宙萬象的顯現，是因為因緣具足，這叫做「世俗諦」；一旦因緣敗壞了，就會自我消融歸空，這叫做「勝義諦」。因為二諦本來就是雙融一體，因此「空」並非一無所有的頑空，這當中有所謂的「明分」存在，稱為「明空不二」。

所以萬法由空性而生，終將消融於空性，這在密法的修持裡，是不變的大原則。即使在大禮拜這等基礎的教法裡，也不離這樣的範疇，因此，由空性所化現出的皈依境聖眾，除了理解與上師無二無別外，大禮拜之後還必須融入自心，將自他消融於空性當中，繼而觀看自心本來面目。

「到底在說什麼啊？」這樣的概念，雖然殊勝難得，但是對於第一次聞法的我來說，根本一竅不通，無法理解。我只能應付式的請示安諦長老：「不會觀看自心本來面目，怎麼辦？」

「不會看，也要裝作會看的樣子！」安諦長老做出打坐的姿勢說。

「呃……」不敢再多問，「喔，拉搜！（藏語遵命之意）」謝過長老之後，疾奔安江長老的關房！

「安江，救命啊！完全聽不懂……」

急匆匆奔至長老關房，一屁股坐在床邊，說：「安江，我真的沒有聽得很懂！」馬上向他抱怨：「您教我就好了啊，為什麼還要跑去找安諦啊？我聽不懂他說的！」

「是嗎？是嗎？」即使在炎熱盛暑的白天，就算沒有風扇，也總是坐在床上持咒的長老，和藹地微笑問我：「是哪裡難倒你了？」

「完全不會！該怎麼觀想，聽不懂啊！安諦講了一大堆，可是我不知道該怎麼去實行啦！」我皺著眉頭連連搖頭說：「最後竟然還叫我做出反觀心性的樣子，那是什麼呀?!」

「就是反觀心性嘍。」安江長老露出調皮的表情，笑嘻嘻地說。

「可是，那是什麼啊？」我問。

「先不必擔心那些，以後自然會有機緣懂。」安江長老顯然不想談心性的問題，問我說：「大禮拜的流程，你應該還清楚吧？」

「是還可以啦！」

其實四加行的儀軌，在本寺屬於「必須背誦」課程，對於當時已經完成背誦四部經的我，在唸誦上是完全沒問題的，只是不懂其涵義而已。但是，那就是最大的困擾了！

「讓安諦長老引導，是為了獲得傳承的加持，去聽過知道怎麼拜，就足夠了！」長老說。

「可是，你們不是都一樣的傳承嗎？」我不解地問：「而且安江您還是從明卓長老那兒獲得口傳，更可以教導我，不是嗎？」

「不！不！不一樣！」長老揮揮手說：「安諦是上師，有加持力，不能比的！」

這就是安江長老，永遠的謙卑居下讚揚他人，無論如何都不肯當上師，不但堅持絕不收弟子，也再三告誡我，將來絕對不可為人上師。

把法給不修者就是糟蹋

不過，後來我知道怎樣才能讓安江願意開口引導。我不能一股腦兒的拿著法本，請安江為我講解整個過程，他會叫我去請示安諦長老；但是我可以在聽過安諦長老的引導之後，再去問他說：「安江啊，這邊這句是什麼意思啊？我請示過安諦了，他說的我不是很懂，是這樣或是那樣的意思嗎？」他就會說：「這兒的意思應該是……」然後毫無保留地仔細說明。

為了求法而跟師父心機攻防，回想起來也真是有趣，不過也曾經有過意外的豐收！

那是我第一次閉關，正在修持四加行，到了累積百字明咒的次數時，有天晚餐之後，去請示他有關於金剛薩埵的觀想方法，其實我的原意只是想問某個部分要怎麼觀想而已。

只見長老閉上了雙眼，緩緩地從頭而說：「你要先觀想自己的頭頂上先出現一個白色的「棒」（這是譯音）字，然後化為一朵白色的八瓣蓮花，繼而在其中央出現一個白色「阿」字化為月輪，再於其中央……」講的專注之至，讓我不敢打岔，姿勢也由習慣性側躺地仰臉看著安江，變成散盤的直立坐姿。雖然我變換了姿勢，但是長老根本不受干擾不為所動，當下與其說是給我引導，不如說根本就是進入自己觀想的狀態，渾然忘我地闡述過程。

當時是涼爽的秋夜了，屋外已經沒有夏季嘈雜的蟲鳴鳥叫，感覺到大地一片的寂靜，似乎都跟我一樣地屏息以待，靜靜地聆聽這份驚喜的禮物。

彼時，驚訝之餘又想到，如果手上能有錄音機，錄下音後，便可以永遠聆聽複習這難得的引導，唉！可惜沒那樣的福緣……

「就是要這樣的觀想……」長老完全沉浸其中地說：「金剛薩埵的加持以甘露的形相而流出，淨化了自身從無始輪迴以來的罪障……最後，因為自我廣大勝解心的祈請之力，頭頂上與金剛薩埵無別的根本上師，化為光芒融入了自己。然後理解到，上師的聖意與你自己的心合而為一，並且再無淨罪者、無造罪者、亦無所造之罪，完全處於三者皆不成立的無執狀態中。」

當我聽得入神，內心喜悅正沉醉其情境時，長老講到這兒，戛然而止，睜開眼睛，肅容望著我道：「我是在欺騙你的，別當真了！」

和安江長老相處好幾年下來，早已摸清他的脾氣了，知道此時無須爭辯什麼，況且功課也還沒完成，帶著如獲至寶的心情，向他說聲：「遵命，祝您好眠！」就退出他的關房，回去持咒了！

當然這是在我已經正式閉關所發生的事。瑜伽長老們對法的敬重，可從我閉關前後，講法方式有若天壤之別的態度窺見一斑。閉關前，隻字不提，守口如瓶；閉關後，毫無保留，傾囊相授。原因在於：他們重法若命，絕不把法糟蹋在不願修持的人的身上，不管是多深的交情，或給多大的供養，絕無商量的餘地。

不計數！剛好一千拜

還是先回到剛才說的，在我二十歲時，第一次「大禮拜」的慘敗經驗吧～

當時只是因為安江長老的鼓勵，而選擇在寺廟假期的時候，開始進行「大禮拜」，其實心中多少有一點不知道為何而拜。

當然，「四加行」之前的四種轉心思惟，在聽取安諦長老的引導時，也都大致上明白——知道人身暇滿難得，知道死亡的隨時來臨是無常，以此二想來斷除對今生享受的眷戀；也知道業力因果的報應真實，更知道六道輪迴的可怕駭人，以此二想來斷除對來世人天福報的貪執。但畢竟僅是聽過一遍，也並沒有確實地思惟，所以動力不足。

第一天，就覺得無法專心，妄念紛飛，遑論觀想皈依境！這樣的「大禮拜」有效嗎?!我很疑惑，下座後，飛快跑去請示安江長老。

「當然算數，這是正常的。」安江說：「你就盡量定心，很少有人可以像曲雷長老那樣做『大禮拜』的！」

「喔？他是怎麼拜的？」

「他進行『大禮拜』時，從來不需要藉助持著念珠來計數，但是卻又總是能夠精確的在達到一千拜之後就下座休息。」

這……這……這實在是不可能，甚為難能稀有，叫人讚歎！可是卻也不免讓人疑惑，他是怎麼辦到的呢？

「那曲雷長老如何確認他已經完成一千拜，而沒有多餘或不足呢？」我心裡納悶問道。

「我在旁邊看了，也覺得太不可思議，就請示了他，是如何計數的？」

「曲雷長老說：『我以（所觀想的）皈依境中的主尊聖眾來計數，一尊一拜，拜完時，就會剛好是一千下。』」

「這種專注力，不是一般人可以擁有的，」安江長老說：「不過，即使如此，散亂心所拜的，還是算數。」

每天的大禮拜，在秋冬的寒冷加上身體痠痛疲憊的阻撓下，讓自己更有以「休息是為了走更長遠的路」為藉口的想法，因此愈拜次數卻愈來愈少。

從第一天的五佰下，然後一千下，再八百下，再五佰下……半個月過去了，「業績」起起伏伏地，還不到一萬下。

每次去見安江長老，他開頭第一句總是：「小子，拜多少下了？」

「嗯……我在努力了，不要問啦！」

皈依境

「安江您要不要考慮投胎到台灣來啊？我們家鄉也是佛法昌盛喔！」

「不要！你們那邊沒有佛法，到了那邊會忘記修持佛法！」

12 來世都在計畫中

半個月過去了，大禮拜才剛破萬，這種丟臉的成績，實在羞於回報給安江長老知道，因為按照他的標準，這個時候至少應該要完成五萬拜了！

「你到底完成多少拜了？」長老問。

「呃……剛好一萬多一點……」我吞吞吐吐地說。

佛法不是這樣悠哉修持的

安江連連搖著頭，露出惋惜又略帶責難的眼神：「看來你也僅僅是獲得符合標準人身的邊緣而已，佛法不是這樣悠哉修持的。」他繼續說：「我這一輩子完成了一百六十萬遍的『大禮拜』，這本來也沒什麼好炫耀的，我也從不跟任何人提起，可是今天看你為了一個十萬拜，把時間延宕成這樣，為了鼓勵你，我只好說出來了！」

「一百六十萬遍的『大禮拜』，拜這麼多！」我驚呼，可是歎服之餘又當即想到，如同發露懺悔能夠滅除罪業一樣，說出自己的善行，功德也會隨之損減的，所以我趕緊問：「那您這樣說出來，功德不就會減少了嗎?!」「真的損減了，那就要怪你了！」長老說：「其實我從小就喜歡做『大禮拜』，我爸爸看了，雖然覺得小孩子撐不了多久，但是也會鼓勵我。我的心願是從寺廟一直禮拜到拉薩的覺悟佛像[1]前，雖然並沒有達成這個目標，但是也拜了這麼多遍。不管怎麼樣，我都可以達成，你也一定做得到，你要更努力才行啊！」

其實安江長老並不把「大禮拜」當成差事，他是真的修持入心，所以不但年輕時，勤勇堅猛地完成了一百六十萬拜，而且一直到七十四歲以前，還維持著每天五百拜的習慣。之後改成每天一百拜，再因體力漸衰，在八十五歲後，又減至一天五十拜，直到圓寂前十天都不曾中斷過。

「我也想精進努力，可是真的是很累啊！」我推託說：「大不了明年再繼續就好了嘛！」

「你應該是史上唯一會將『大禮拜』分期完成的人！」長老不以為然地說：「你們是外國人，所以只修口頭上的佛法，跟我們是不一樣的！」

1 即是釋迦牟尼佛十二歲時的等身像，是佛陀在世時即已完工的佛像，原供奉於印度，輾轉來至中國後，在文成公主與藏王松贊干布和親時，作為嫁妝一起來至西藏。由於曾親蒙佛陀開光，加持力巨大無比，藏地盛傳，每個人此生第一次謁見此佛像時，所許下的第一個願望必定成真。

沒信心的外國人

這一句話也是安江長老常會對我說的，雖然他對我視如己出，但是當兩個人有所爭執或我對佛法的應驗有所懷疑時，他就會強調我是「外國人」。

比方說，講到哪位祖師的功德殊勝，或者是修習什麼本尊可以得到怎樣的功德利益與成就，而我露出懷疑的表情或質疑：「是真的嗎？」那一句「你們是外國人，所以……」就會冒出來了！

像上一次提到的，他教我說，每天清晨起床持誦《摧破金剛咒》可以除穢防止中風時，「有那麼好用嗎？」我露出狐疑的表情說。

長老說：「你們是外國人，所以對於佛法沒信心，不像我們藏人對於佛法有信心，不會懷疑。」

譬如又有一次，我曾看著他擺設的佛像，問：「安江，這樣供奉有什麼用啊？」

「你想不想獲得共同成就[1]？」長老說：「想的話，就要供奉佛像。」

「什麼是共同成就？」

「在《勝樂金剛儀軌》不是提到：『寶劍眼藥暨地底，雀鞋如是藥丸暨，無可見暨取菁華，彼等皆可隨意修。』」

我算了一下，咦？少了一個！我問：「怎麼只有七個？不是說八種共同成就嗎？」

長老又說：「雖然只有明說七種，但第八種『空行』是順帶隱喻在內的。」

「可是那麼多人供奉佛像，也沒聽說誰獲得這些共同成就啊！」

「喔呀！」安江說：「你們是外國人，所以對於佛法沒有完全的堅定信心，我們藏人對於佛法有著十足的信心，不會懷疑經中所說的一切。」

「可是確實並不是每個供奉的人，都獲得了共同成就啊！」我爭辯著。

1 共同成就：一般泛指不論是修持外道或是佛教都能夠獲得的八種悉地，計有：
1. 寶劍：受持練成之寶劍，即可隨意遊行於上方天界。
2. 眼藥：塗在眼睛上，就可看見世界上所有人事物，無論大小遠近。
3. 地底：眼睛能看見所有在地下的寶藏。
4. 疾速足：雙腳能在頃刻間繞行地球一圈。
5. 藥丸：口中含著此丸，便可隱身且能夠隨意變化身形。
6. 隱形：將藥物點在額頭，即可隱去身形，他人無法得見。
7. 取菁：以花精與明咒的力量，可以讓自己延年益壽、永保青春，還可點鐵成金，享用財富。
8. 空行：獲得世間八種自在或是可以隨意遊走於欲界六天當中。

「喔呀！」不喜爭論的長老不作聲，又逕自撥著念珠持咒起來了。

請安江轉世來台灣

不過，也因為這個話題，讓我們父子倆談到了您來世的去處。

相處的十幾年當中，雖然我們大多數的談話裡，安江長老總是說他很怕死，死後會下地獄，可是偶爾卻會不自覺地，展露出對來世的真正把握或說是計畫。

有一次聊天時，他談到僧人會因為前世的願力而再回到寺廟出家時，我說：「那我也是這樣囉？」

「當然，你一定是發了什麼願，不然怎麼回得來呢！」

「那……安江您要不要考慮投胎到台灣來啊？我們家鄉也是佛法昌盛喔！」

「不要！你們那邊沒有佛法，到了那邊會忘記修持佛法！」

「怎麼會？我的故鄉顯密的教法都有，而且人們也都會修持佛法啊！」

「只是口頭上的佛法而已，」長老舉起右手作出劃過自己喉嚨的手勢，「不會是無怨無悔永不退轉的信心。」

想想好像確實也是如此，台灣的鄉親似乎認為信了佛之後，就應該蒙佛加被、讓自己騰達亨通，至少也要事事順利，只要運途、家庭或工作不順遂，還是修持上沒有感應或進步，就會認為諸佛菩薩不靈驗或者不慈悲，而走遍宮廟求神問卜，甚至因此改變了信仰。

長老講的好像也蠻對的，我無從反駁，只好回答：「您要不要考慮投胎來我們家？一定可以修持佛法！」

「你們家?!」

「是啊！來我們家投胎，我可以保證讓您以後再回寺院出家。」

「嗯……」安江若有所思地說：「你媽年紀大了，應該不會生了！」

我聽了當即連忙說：「我還有一個姊姊啊！您可以來當他的兒子，做我的外甥。」有點讓我意外的是，當我這樣說時，長老並沒有一笑置之或叫我別說蠢話，反而很認真地反問我：「你姊現在幾歲了？」

「大我一歲。」我說。

「那還算年輕，似乎可以！」

沒想到長老竟然會這樣說，當下只是覺得又驚又喜。

可是過了不到十秒鐘，長老又說：「不！不！我看還是不要好了，萬一不能修持佛法的話……」

「不會啦！不會不能修持佛法的，安江你已經答應我了啊！」我懇求說：「如果真的覺得不行，那您再離開就好啦！」我天真地說。

安江長老就沒再說什麼了。這是唯一的一次與他有過來世去處的對話，也是唯一一次不經意展現已能自主來世的自在，十分珍貴。

閉關的順逆緣

再回到我拜不完的「大禮拜」這件事情吧！

受到激勵後，我當然也開始發憤圖強地進行禮拜，雖然不到一天四千拜，但總是比之前長進了些。可是就在稍微進入狀況之際，突然收到寺院的戒律僧傳來字條，大意是說，三天後有場法會，因為適逢休假，僧人多數外出或回鄉省親，正在閉關修四加行的人，被強迫通通出關下山支援，不得有誤。

我把字條分別拿給安江長老還有森多長老過目，因為這代表著我的大禮拜在還沒完成前，就要被迫中止了。

雖然不算是什麼正式的嚴格關，但畢竟是這輩子第一次不見外人的觀修，突然出關，多少總是不妥，所以森多長老說：「第一次閉關就遇到這種強制出關的事情，真是不好的緣起！」他搖著頭說：「恐怕對你日後的閉關，有不好的影響吧！」

當時聽了也很緊張，連忙將森多長老所說的話，轉述給安江長老聽。

「不！不！不！」安江不以為然地說：「沒這種事，你千萬不要引以為意，而認為觸犯了忌諱，不要在意就沒事了！」

其實森多長老所說的應該也不算錯，後來在我二十三歲要正式閉關前，還歷經一番波折，最後蒙長老們力挺，才得以順利入關。

雖然我當時認為，安江長老是為了安慰我，才那麼說的，但不管如何，後來我還是成功的度過兩次的三年關，也確實就像安江長老所說的，只要不在意就不會有事了！

釋迦牟尼佛暨十六羅漢、四大天王。

這般精緻如法的裝藏，費用是多少呢？二十五塊盧比而已，折合台幣現值，大約是十二元，即使以八十、九十年代的物價水準，也僅台幣一佰元而已。

森多長老就曾感佩說：「安江這樣等於不收費的裝藏，未來世將如經中所說，感得『具足光芒之比丘相』的果報，真是令人讚歎啊！」

13 真言成就的具相比丘

安江長老平常日子假如不必外出幫忙寺廟的信眾祈福或度亡，他用完午齋後，就是忙著裝藏佛像。

印象中，他的關房裡，在充當桌子的大鐵箱上，永遠有著不同的佛像，而且每兩、三天就會迎新送舊——有些信徒帶來新的佛像，再有些人則請走已經圓滿裝藏的佛像。

其實，裝藏是一件繁瑣而耗費體力的事，然而對於信徒來說，只不過是把佛像送去裝藏再拿回家裡膜拜而已，箇中辛勞何從知曉?!

安江年輕時就學會裝藏，經過了幾十年，當然早已駕輕就熟，但是對於一位年紀將近八十歲的老人來說，這種粗活與細活兼具的善行，不得不承認是相當吃力的。

如法裝藏的程序

說是粗活，因為藏傳佛教的佛像是銅鑄的，在裝藏前，內部是空心的，但是佛像內部不比外相，尤其是印度、尼泊爾的佛像良莠不齊，佛像內部通常都有炭渣，更甚者也會有堅硬的銅渣殘留各處。裝藏時，這些殘渣都會阻礙放入經咒的空間，必須一一敲掉，所以不時都會看到長老像雷公那樣，拿著鐵鎚敲鐵鑽，削去佛像內的銅渣。

說是細活，在敲打削去殘渣後，尚須以紅花水清洗內部，而後裝入經卷。這是最考驗耐性的部分，因為佛像大小不一，內部的高低寬窄也就不同，加上佛身各個部位與蓮座所需置放的經咒也不一樣，所以需要的經卷不但大小有別，類別也有差異，不能混淆。

但是工廠送來的經紙尺寸只有一種，為了能夠將各種經咒悉數放入，就必須以剪刀裁剪一張一張的經咒，才能捲成各式大小的圓筒。圓筒必須捲得扎實，再逐個配合放置到相對應的部位，力求盡量塞滿內部的中空，直到沒有縫隙為止。

不僅如此，在捲成圓筒狀前，還有前製工作。工廠送來的經紙，並非直接即可使用，每張都必須塗上紅花水，此水先以藏紅花浸泡，並加入各種加持丸，再經煮沸，待冷卻後，方可塗抹。接著晾乾經紙，然後才能視佛像尺寸而裁剪，最後再捲成圓筒。

以上是處理經卷的部分。

台灣人劃錯命木的重點

最最重要的環節在於「命木」，顧名思義，就是代表性命的木頭。就如同人有生命才能存活，佛像也要有「命木」才算具備受人供奉的資格。

回台灣之後，我才知道，原來我們這裡評斷「命木」（在台灣又稱中脈）的優劣是以材質來評斷，檀香或沉香木為最上等，其他木頭次之，真正的細節反倒是被忽略了，完全劃錯重點。

事實上，在藏傳寺院裡，「命木」的材料只有柏木一種，重點在於採取木頭的過程是否如法而已。

由於佛陀制定了比丘不能砍樹、耕種的戒條，所以取木必須由沙彌來執行，砍樹的沙彌必須雙親俱在，表徵此根「命木」福智或悲空具足。

在還沒砍樹前，安江會先認定東邊的方位，在樹幹上做好記號後，才讓小喇嘛砍伐，而後無論樹木切割成再多再小的命木，每一支木頭的東方記號與頭尾方向（樹頂、樹根的方向），都是清清楚楚不能顛倒混淆。

然後，命木要切割成四面長方體的方木條，其上先塗滿硃砂，於東方那一面寫上五命字後，再以四種咒條纏繞，於上方書寫五方佛的種子字；空間如果足夠，再寫上各種安住、開光咒，繼而將身、語、意的加持丸置於命木上，最後以黃布覆蓋，並用五色線纏繞，才算裝藏製作完成。

從佛像的頭頂到臀部，是命木的長度。命木放入佛像時，有東方記號的那一面必須位於正面，木頭原本的上方在佛頭，下方在臀部的位置，馬虎不得！

那麼，這般精緻如法的裝藏，費用是多少呢？二十五塊盧比而已，折合台幣現值，大約是十二元，即使以八十、九十年代的物價水準，也僅台幣一百元而已。

森多長老就曾感佩說：「安江這樣等於不收費的裝藏，未來世將如經中所說，感得『具足光芒之比丘相』的果報，真是令人讚歎啊！」

記得剛回台灣時，友人送我一尊金剛薩埵的佛像，說明已經在某寺裝藏並開光，因某些因素不方便供奉了，要我幫忙處理。我帶回住處擺在佛桌上供著。有天擦拭佛桌時，拿起佛像，遽料竟因底蓋沒有封牢，掉了下來，接著裡面的東西陡然全部狂洩流出！

「狂洩流出」是因為裡面只有兩種東西：一是香末，另一是代表命木的免洗竹筷，還插的緊緊的！經咒、舍利、加持丸、祖師聖衣或聖物等，付之闕如。

當下的反應是：「這是什麼情況？怎麼可以如此裝藏欺騙眾生！」後來說給長老聽，他只是搖頭說：「不怕死的話，什麼都敢做！」不過也確實如此，裝藏如法或不如法，當封上底蓋完成裝藏之後，又有誰會知道呢！之後，在台灣也看過並拆過內部塞滿碎石，以重量偽裝裝藏嚴謹的佛像。

不挑喜歡的事做，而是喜歡自己所做的事

藉由以上的粗略介紹，可以明白正規的裝藏過程是如何繁複。安江長老如理如法地從事這項神聖的工作，自然也就疲累不堪了。

昔日每天下午裝藏時，我若在旁，總是幫忙剪紙，那時只是覺得很好玩，有口無心地問長老說：「安江，您教我怎麼裝藏好不好？」

「不可以！不可以！」長老連忙搖手：「這是絕對不可以懂的東西，你不要學這個！」

「可是懂這個也是一門學問啊！」

「不！不！不！」長老說：「可以學的東西多的是，這個不必學。」長老就是堅持不教。

「可是您還不是學了！」我不以為然地說：「而且還不斷地幫人裝藏？」

「就是因為我學了，知道有多累，才會跟你說不能學！」長老接著說：「至於為何一直幫人裝藏，是因為我想到，一間偌大的寺院，如果被外人說，竟然沒有僧人會裝藏，有損本寺的威望，所以才會一直堅持，我會做到我死為止。」

到這兒，已經能夠明白裝藏真的不是一件輕鬆的事，那麼長老又是如何面對永遠裝藏不完的佛像呢？

有時，他會說：「你從閉關中心下山時，如果有人問你安江在做什麼，你要回答說，他

並沒有在裝藏，正在打坐觀修！」

這豈不是此地無銀三百兩嗎?!而且，「說在裝藏不行嗎？」我問。

「這不是行者該做的事！」安江說：「大家都以為瑜伽士是刻苦實修的。長老裝藏時，永遠是那麼的從容，雖然又累又辛苦，但是從來沒有抱怨，如果不是聽了他老人家的那些說明，我真的以為他視裝藏為樂事。」

個性堅毅又隨和的安江長老，人生的態度是曠達進取的。他會開心過日子，正是因為不是挑自己喜歡的事做，而是喜歡自己所做的事。

比如說，有一次跟安江在聊天時，突然有個藏人走進門來，手中拿著一尊佛像，說：「瑜伽士，我這兒有一尊釋迦牟尼佛像，要麻煩您幫忙裝藏。」

「喔！好！好！好！釋迦牟尼降臨來此，真是歡喜，真是歡喜，你就放在那兒吧！」長老指了指鐵箱。

他不是故意說給人聽的，而是真的歡喜，任何的佛像進來，總是來者不拒，一定幫忙裝藏，雖然又多了件苦差事，但是總以讓人歡喜為主。不過因為年歲漸高，所以清理佛像內部銅渣、炭渣的粗活，後來都由雷殿大師兄代勞。

將近八十歲的長老，雖然沒有老花眼，但是動作已不靈活，每次大概要花二到三天才能圓滿裝藏，有時一尊、有時兩三尊佛像。這看起來不怎麼樣，但是日後當我自己也開始裝藏，才明白那已經是很快的速度了，雖然當時覺得尋常，沒什麼特別。

真實語的力量

陪著裝藏時，父子倆也會聊天。長老說，古老的印度佛像因為加持力巨大，全身會像磁石吸鐵一般地吸住舍利，「之前我在裝藏時，放入貢噶丹增（第三世康祖法王）的披單碎塊的佛像，也會吸住舍利。」

也因為時常陪侍裝藏，還因此意外發現安江長老的另一項功德——「真言成就」。「真言」指的是「真實語」，具體而言就是：說什麼就會是什麼，無論是祝福的吉言或是詛咒的惡語，一經說出，必然成真。

我曾請示過安諦長老，應該如何修成「真言」，有沒有儀軌之類的。

「『真言』沒有什麼儀軌可修，唯一的方法就是不打妄語。」長老繼續說：「古代的一些婆羅門仙人（隱士）都會有此種能力，原因就是他們絕不說謊。因為都說實話，即使性命交關也不造口業，所以累積了能力，所說都會成真。」

以緣起互依的觀點來看，這是合乎邏輯的。況且，安江長老還持誦了那麼多的咒語，光是金剛薩埵的百字明咒與四面十二臂勝樂金剛十三尊的明咒（六十三個咒音）都超過千萬遍了，想不擁有「真言」也難！不過，回視自己，我連不想上課都會以生病為藉口欺騙森多長老了，距離「真實語」遙遙無期，更別癡想成就了！

有天下午，走入安江長老的房裡，看到他依舊坐在床上幫佛像裝藏，看得出來已經快到尾聲了，因為正往頭朝下的釋迦牟尼佛像底座放入各處聖地的水土，以及各種財神的咒輪等。

我隨口問說：「那是誰的佛像啊？」「那是袞朵的。」安江說。袞朵是山下村落裡的一個六十歲出頭的藏人，當時的生活並不好過，總是捉襟見肘。

只見完工後，長老用雙手抬起十二吋高的佛像，放在自己的頭上，虔誠地發願祝福說：「願袞朵能有錢，願他能快樂、長壽！」這樣連續說了三遍。

當時，我並不以為意，因為發願祝福本就是出家人會做的事，經文中也常常都會唸誦，所以並沒有特別想到什麼。

結果，不到兩年，袞朵竟然發跡了，拆掉老舊的石棉瓦房，蓋起二層樓的洋房，生活漸趨富足，而且到現在八十多歲了，還很健康。但是他自己絕對不知道，曾受了安江長老的至心祝福。

很重要所以要說三遍

知道來龍去脈的我，怎麼能夠放棄這等大好機會！當然是邊帶撒嬌地抱怨說：「吼，安江原來您有『真言成就』，我們認識了那麼久，怎麼從來都不幫我說些祝福的話？還說最疼我！」

長老這時也不否認自己的能力，笑著問我說：「好，好，需要我祝福你什麼？」

一時之間，我還真是想不出要什麼，念頭一閃，突然想到寺院的窮困拮据、老舊殘破，就說：「不然就說『能對寺院做出大利益』。」

長老滿臉笑意望著我：「好，好，願多傑仁卿能對寺院做出大利益。」

「吼！安江，」我抱怨說：「您講得很不認真！」

「不會，不會，」長老還是笑瞇瞇地說：「我很認真地在說。」

「真的？」

長老點點頭。

「好，那就再說一輩子生活快樂無虞！」靈感泉湧而來！

「好，好，願多傑仁卿一輩子生活快樂無虞！」長老又笑著說。

「然後再說未來修行很好，證量很高！」

「好，好，願多傑仁卿未來修行很好，證量很高！」

「然後再說……」

就這樣，安江長老就像答錄機，不斷重複我說的話。

這些是否實現了呢？當然沒有！我想應該是……因為我忘記了一個重點，沒請長老接連說三遍！

但是也來不及了！

曲嘉仁波切率領新進瑜伽士們共同觀誦儀軌

在即將槍斃的那一天凌晨，他在似睡非睡、似夢非夢間，看到牆腳老鼠洞陡然放光，然後，光芒愈來愈大，變成一個門的形狀時，從光亮的門中走出來一個女孩子……

14 信心生奇蹟

當時寺廟的規定是：即使是在學的學生，寺廟的任何大小法會都要參加，跟得上速度會唸的就跟著唸，不會唸的，就必須帶著自己的經書，在法會中練習，等到法會結束了，才回到自己的教室唸書。

因此當時還在唸書背經的我，雖然不怎麼會唸經，也是要遵循規定，參加山下寺院的祈福法會，結束後，就必須疾速走回到森多長老的關房繼續讀書。

但是習慣上，我都會先鑽進隔壁安江長老的關房，去撒嬌連帶視察一下（有時可以搜刮到食物～），混個五分鐘左右，才回去繼續埋頭背經。

哪還有比綠度母更殊勝的呢？

有一次，早上的一座祈福法會結束了，按照慣例掀開門簾，踏入安江長老的房內時，突然有好幾顆米粒灑到身上，轉頭一看，原來他正在唸誦儀軌。

一早進門就被長老灑米，覺得緣起很好，也顧不得他老人家正在修法，忙不迭地一屁股坐在床上，開心地說：「一進門就被您灑米，這是不是很好的緣起？」

「喔～你應該是天尊吧？」長老半開玩笑的說：「剛好供養你。」

「不過，您這是在唸什麼啊？」我不解的問：「為什麼要灑米？」

雖然，平常每天早餐過後，我都會聽到相同節奏的搖鈴聲，但是從來沒有問過原因。

「為了祈求 尊座聖體康泰，我每天早上都會唸誦一座度母的《寂靜曼達供》。」長老說。

安江長老說的這部儀軌，又稱作《度母曼達供讚儀軌》，簡稱《息曼達供》，是近代藏傳寺院幾乎都會修誦的儀軌。

「有那麼多的佛菩薩，為什麼一定要唸誦度母呢？」我問：「綠度母有那麼地強大的威力嗎？」

「那是當然了！」安江長老雙手合十置於額頭，閉目凝神虔誠地說：「哪還有比綠度母更殊勝的呢？」

「是嗎？」抱持著自以為是的科學觀念，讓我有些懷疑這樣的信念是否過於「迷信」。

看了我的表情，長老不用問也知道我的想法，「在救護災難、圓滿心願上，沒有比度母更迅速強大的。」他繼續說：「曾經有一對夫婦，一直平安地生活著，妻子對度母有著堅定不移的信心，每天固定唸誦《二十一度母禮讚文》來祈求度母，極度虔誠。」

「是喔?!」我想，那個禮讚文我也會唸了啊，還好吧，沒什麼感覺。「然後怎麼了？」我問。

唸得零零落落也得救

「有一天，這夫婦倆被兩個鬼給盯上了，他們想取那個妻子的性命，於是，大鬼跟小鬼說：『我去讓他們夫妻起爭執，屆時那個妻子會負氣奪門離家，你再趁機弄死她！』」

「然後呢?然後呢？」聽到這種傳奇故事，我就很有興趣了，連忙追問。

「大鬼進去了，沒多久聽到男女爭吵的聲音，小鬼遵循所囑，守在外面的路上，等著獵物送上來準備興害宰殺。可是，除了看到隨風飄來的經紙，上面印著文字殘缺不全的禮讚文之外，卻未看到婦人出門！」

「蛤!為什麼？」我好奇地問。

「原來這個妻子雖然每天唸誦《二十一度母禮讚文》，經文卻是唸得多處遺漏殘缺不全!」安江說：「所以，鬼才看到零零落落的經文，不過即使如此，還是感得度母庇佑，就此逃過了一劫！」

「哇!怎麼那麼厲害?原來唸誦禮讚文有這樣的效果啊!」聽得津津有味了，對度母生起一些些信心了，我問：「還有嗎？」

「當然還有，」長老提醒我說：「不過，你是不是應該要過去讀書了？」

對吼，還要背經……

晚餐後，距離晚課開始背經還有一些時間，心中掛念著故事，趕快又去纏著安江長老，請他再繼續講度母的感應故事。

進門看到長老正在清理便當，強調每餐只能吃三分之二飽，便當裡面的飯永遠只裝一半的他，還把其中又一半的量做成簡易食子，布施給鬼子母與其五百餓鬼子，食量真的很少……「要讓胃有三分之一的空間，這樣才不會打瞌睡，精神也會好！」安江說。

「可是沒吃飽，我會受不了！」當時伙食已經那麼差了，對於還年輕的我來說，不吃飽還得了！

「習慣就好了！」安江說。

「沒辦法做到！」

食量的節制與否，是我們父子倆之間的代溝。直到長老圓寂，我的食量還是非常好，所以還是繼續度母的話題吧。

小偷從老鼠洞逃生

幫長老洗過便當後，追問道：「度母還有什麼故事呢？」

「還想聽嗎？」他問。

「嗯！」我點頭。

「喔～呀！」

這個詞在康巴話是「好」、「可以」的意思，不過是上對下的用詞，若對長輩使用這個詞，是不禮貌的行為。

「文革前，中國人已經進入藏地，那個時候雖然對藏人很溫和，但是制定的法律極為嚴厲，為了維持威信，經常是殺雞儆猴，犯法的人不需審判，罪無輕重一律槍斃！」

「這麼恐怖！」

「有一個小偷，因為偷竊被捕，被關進了監獄。因為之前就已經聽到了竊盜搶劫格殺勿論的風聲，所以入獄之後，不斷地祈求度母救他！」安江說：「原來他壞歸壞，對度母還是有信仰的！」

「關進去一兩天之後，他注意到在牢房裡的角落，一面牆底有個老鼠洞，順著此洞看去，竟然直通獄外街道！看著這個洞，」安江說：「這個小偷突發奇想，心中跟度母求說：『請讓我能夠從那個洞口逃出去，只要我可以脫逃，從今往後必定改邪歸正，再也不當小偷，一定好好地做人！』」

「可是，怎麼可能從老鼠洞逃出去啊？」我有點不相信。

長老不理會我，繼續說：「於是，他很努力的持咒祈求。可是，隔天獄卒卻通知他，後天一早會將他當眾槍斃的噩耗！」

「那怎麼辦？」我問：「來不及了吧?!」

「那個人嚇死了！」安江長老說：「已經不敢再心有旁騖，完全專注一心地祈求度母救他度此苦厄，晚上也不敢睡了！就在即將槍斃的那一天凌晨，他在似睡非睡、似夢非夢間，看到牆腳老鼠洞陡然放光，然後，光芒愈來愈大，變成一個門的形狀時，從光亮的門中走出來一個女孩子，跟他說：『快！快！沒時間了，趕快跳出來！』」

「『跳出去？』他想：『衣服應該會把我卡在洞口吧！』

「女孩見他躊躇不前，又說：『趕緊出來！』

「他當即把身上的皮襖脫了，心一橫就往光芒內跳進去。」

藏人通常都穿著全套式的厚重皮襖，晚上腰帶一鬆開就是棉被，早上起床，腰帶一繫就是衣服，方便保暖又省事。

「接著他回頭一看，竟然已經在監獄外面了！還搞不清楚是怎麼一回事的他，聽到女孩告訴他：『跟著這一道光團走，你就會沒事了！』順著女孩的手指望去，果然看到半空中有個光團，整個人一頭霧水，尚未完全反應過來，只聽到女孩說：『去吧！』回頭一看，女孩已經消失無蹤。他緊緊隨著光團疾奔，不知跑了多久，光團到了一戶游牧人家的帳篷上就消失了！」

聽到這兒，已經對度母生起很大的信心了，不過，還有個問題沒解決。

「然後呢？他不是裸體嗎？」我問。因為對那個時代的藏人來說，如果沒穿皮襖，不管你穿了幾件褲子，在他們看來都叫裸體，更何況他是真的一絲不掛，在藏地這是叫「瘋子」！

「那戶人家看到一大早有人光著身子站在家門前，以為是瘋子，抄起棍子就要驅趕！」安江說：「他連忙說：『不要打！不要打！我不是瘋子，我是剛從牢獄逃出來的！』說著就大致描述了整件事情的經過，那戶人家聽了，也覺得不可思議，拿了衣服給他，還招待他吃了早餐。」

「不過，說也奇怪，」安江說：「中國官吏那邊竟也沒再進行通緝或搜捕，他也確實改過向善，逢人便說自己的親身經歷，也常說：『雖然我作惡多端，造過不少惡業，但是憑著我對度母的信心，相信我的來世一定可以蒙受救護！』」

「是不是覺得度母殊勝無比？」長老問。

其實我已經徹底對度母改觀，對之前自己的輕蔑無知感到懺悔了，可是嘴巴上還是說：「故事會不會是瞎編的啊？」

安江一聽，馬上說：「你們是外國人，所以對佛法沒有信心……」

「嘻嘻……」

施身法修得好的人，必須去據傳有鬼魅出沒的地方或是墳場修煉，少則數天多則數月，他們稱為「過險地」，成功的行者，境界更加提升，我執大幅減少，證得成就；失敗了，發瘋、生病，甚至丟掉性命的大有人在。

15 丟屍異聞

背誦經文的日子是枯燥漫長的，每天不分日夜所想要完成的，就是把寺院歷代以來所規定的四部經書背誦完畢——真的是不誇張，一整天心情的好壞，端看前一天有沒有將規定的經文牢牢背誦，達標的話，雀躍不已，反之則愁雲慘霧，而且為了準備隔天該背誦的經文，連在睡夢中都會夢見跟經文有關的內容。那時，整個心思都在怎麼去背誦更多的經文，幾乎沒什麼休閒娛樂。

安江長老以及我的老師森多長老都希望我可以進階當寺廟的維那，因為對於寺院的僧人而言，擔任在法會中領誦的維那是至高的榮耀，然後在熟悉了儀軌事相後，再去閉關中心修行，所以我的志向也是如此。

當不當維那倒還好，我本來對於地位、名聲就沒有什麼興趣，當時主要是想到照著計畫走，可以讓長老們歡喜，而且最後可以當上夢寐以求的瑜伽士，因此在努力背經的過程中，早起晚睡雖然辛勞，卻不覺得苦悶。

在長達四年的背經期間，如果要說我是完全心無旁騖地求學，那是騙人的！一有空閒或放假的時候，還是會找安江長老聊天，長老就會一邊裝藏一邊跟我述說往事或軼聞。

找猛鬼修法

例如，在台灣所謂的「施身法」，藏語稱為「糾」，意思是斬斷或斷捨，這個法門主要是以息滅內心的我執為主，以契入空性的方法來斬斷妄念！眾生在散發我執的表現上，又以「貪戀這個身體」為最強烈，於是就以「布施自己最珍愛的身體」為主來進行修持，也因此在台灣就被稱作「施身法」。其實一般耳熟能詳的「施身法」只不過是「糾」的分支而已，此法主要是由印度的大成就者當巴桑傑[1]傳入西藏，再由瑪姬拉準[2]所發揚光大的。

在一九五七年之前，康巴噶寺的僧眾也十分好樂修持「施身法」，安江長老也對此法極有興趣，雖然他沒有什麼好嗓子，唱不出什麼調子，但也是精通此部法門的。

施身法修得好的人，必須去據傳有鬼魅出沒的地方或是墳場修煉，少則數天，多則數月，他們稱為「過險地」，成功的行者，境界更加提升，我執大幅減少，證得成就；失敗了，發瘋、生病，甚至丟掉性命的大有人在，數百年來所累積的故事是聽不完的。

1 參見附錄09。
2 參見附錄10。

安江長老曾經說過，全世界再也沒有比藏域的天葬場來得更恐怖駭人的地方，白天倒還好，到了晚上一個人要待在那種地方，簡直不是驚悚、恐怖可以形容的。

「這個世界上叫我去哪裡睡都沒問題，唯獨天葬場我是沒辦法的！」

「是嗎？有那麼恐怖嗎？」雖然我沒去過天葬場，但我不以為然地說：「我們台灣也有很多墳場啊！」心中想著：「有很多人會特地睡在墓仔埔（墳地）求明牌呀！也沒聽說誰怎麼樣了啊！」

「不！不！不！不一樣！」長老連聲說著：「那是因為你沒有去過，一旦晚上在那邊住過，你就會明白我說的意思了！」

「但是～」我又跟安江長老說：「您剛剛說睡什麼地方都不怕，可能太武斷了！我們台灣也有傳聞有著鬼魂出沒，陰森恐怖到令人膽顫心驚的鬼屋喔！」

「那沒什麼！」長老滿不在乎地說：「就是一般的鬼而已。」

「可是那些鬼也會害人，也是法力很高強、很恐怖的啊！」

西藏鬼比外國鬼強大

「你們外國鬼能有什麼力量？」長老說：「生前恐怕連一句咒語或佛號都沒有唸過，一些些鬼力鬼通或許是有的，但以怨氣而變鬼，是成不了什麼氣候的！藏地的鬼就不同了，幾乎沒有人沒唸過經沒唸過咒，萬一變成鬼，以誦經咒所成的力量是很恐怖的，不同於一般的鬼。」

看著我聽的津津有味，長老接著說：「特別是出家人修定、持咒又誦經，萬一因為發心不純正或發下邪願而成鬼，那就更有強大的力量了！天龍八部裡的鬼王一類，大都由僧人起了惡念、入了邪道而來的，除了比彼眾修持得更好的上師，其他人根本對他無可奈何！」

記得當時我還問了：「那是不是如果我真的想報復誰，應該先持咒到相當的數量再自盡，這樣在鬼界，我就是有力量的老大了？」

「理論上應該是沒錯，可是這樣有意義嗎？」安江說：「害人的鬼，死了還是要墮地獄，屆時就是兩種罪，一是自殺，二是殺人，在地獄受苦的時間就會永無盡頭，欲求出離而不得，倒不如好好地修持比較實在吧！」

這麼聽來，在中國民間所流傳的，為了報復仇人而自以為死後可以成為厲鬼，穿紅衣紅褲擦口紅（或胭紅）再上吊或跳樓自盡的，實在死得太冤枉了！變鬼後，不但身單力孤沒什麼力量，還會被老鬼欺負，更遑論報仇了！我們都被小說、電影誤導了！

勇父空行的化身

再回到施身法的話題上，記得安諦長老曾經說過，距離康地不很遠的地方，有一座寺院，裡面的住持是一位會幫亡者到天葬場修誦施身法的祖古，名為：賞秋多傑。

有一次他到拉薩去朝聖時，一天走在街上，察覺有個女孩從二樓的窗口一直盯著他，看了一會兒又走進屋裡，隨後拉著一名中年婦女一起在窗口指指點點。沒多久就看到女孩走到街上，很恭敬地邀請他到家裡喝茶用餐，賞秋多傑認為素昧平生不便打擾，先是婉拒了邀請，然而，後來自稱是其母親的中年婦女也一起出面，請求務必到家中，讓她們略表心意。拗不過她們的一再懇求，雖然不解為何如此多禮，他還是隨著母女二人走進屋內。

入座之後，中年婦女一再言謝，賞秋多傑一頭霧水地說：「妳們一定認錯人了，我是第一次來到拉薩，是一個遊方行者，妳們不可能認識我的！」婦人倒上了酥油茶後，才娓娓道來：「每次在墳場有屍體要丟棄時，我都必須依從規定，化為禿鷹前往墳場吞食屍肉，然而這幾年，因為年歲已大不便前往，因此都由我的女兒代我完成任務，後來她也因為腿傷而不良於行。可是一旦施身行者召喚時，那是勇父、空行的誓言，必得前往，我看她這樣帶傷踐諾，雖然心疼，卻也無能為力，因為總要有一人前往覆命，但是去了也只是交交差、敷衍了事罷了！後來還好遇到了恩人您，幫我女兒治好了腿傷，讓她終於恢復了行動自如。」

賞秋多傑這才想起，之前去墳場「丟屍」（藏語，是天葬的修法稱謂）修施身法，一群禿鷹一起飛來爭食時，不遠處總是有隻落單的，看起來似乎沒什麼胃口，只在邊上看著，也不去搶食，走路時，也是一跛一跛的，好像有什麼病痛。有一次他終於忍不住上前查看，禿鷹當時也沒反抗，檢查一下發現鷹爪扎了根荊棘，傷口已經化膿了，輕輕地拔出荊棘，再用心清洗一下後，禿鷹就飛走了，原來禿鷹竟是婦人的女兒變的……

喝屍體膿血的喇嘛

我把這個故事又轉述給安江長老聽，他說：「那些禿鷹本來就不是一般的鳥類，是勇父、空行的化身。在丟屍的時候，有時會有一些不可思議的事情發生，例如有次我們跟著去丟屍時，禿鷹都下來了，但反常的是，就是只在旁邊看著，木然無動於衷，完全不來搶食。」

「牠們都受傷了嗎？」我搶著問。

長老沒理會我，繼續說：「大家也不知道該怎麼辦，又沒辦法強迫禿鷹吞下。電光石火之間，主法的那位喇嘛（名字我忘了）一躍而起，抓著披肩雙臂高舉，像是鳥的雙翼般的上下拍打抖動，之後，拿起屍體旁邊的刀子，用力往屍體砍去！」

在台灣應該沒人敢對屍體這麼做吧！我還想，是不是等得不耐煩火大了，正要問這是在幹什麼的時候，長老接著說：「大家正看傻了眼，呆愣愣地望著時，又看到了更不可置信的一幕：他剖開了屍體的胸膛，往兩邊扯開了胸骨，雙手做出掬水狀，往胸腔內捧出了一些血或什麼的，然後整個喝了下去！這個動作連續做了三遍，說也奇怪，在那之後，所有的禿鷹都一擁而上，爭先恐後的搶食，繼而完成了丟屍儀式。」

這件事雖然表示這位喇嘛的修持很不錯，但後遺症是：回到寺院後，此事傳遍全寺，所有僧人在幾個月內，沒人願意跟他用同一個杯子喝茶。

在藏傳寺院內，慣例是幾個人共用一個茶杯，表示彼此感情深厚或尊重彼此，不與人同飲或不被人同飲，通常帶有輕蔑的意思，有時是會出事的。那次全寺僧人不敢跟他同杯而飲，倒不是看不起他，而是真的嚇到了！

自卑的宅男禿鷹

剛剛提到，安江長老說禿鷹是勇父、空行的化現，讓我又聯想起一個好玩的真實事件。寺廟有一位喇嘛，名叫圖桑，從小就是胎裡素，不能吃肉，一吃便吐。有次他正在室外炒青稞——類似台灣的炒栗子。不同的是，炒熟之後用篩子讓沙子流出後再磨成粉，即可食用。當他炒著青稞時，突然一陣睡意襲來，讓他完全無法抵抗，只好當即回房小睡片刻。

在夢境中，他發現自己變成一隻禿鷹，聽到吹起人骨號角的聲音，不由自主地往號角的方向（墳場）飛去，在半空盤旋準備落地前，看到已經有一堆禿鷹在等著要吃屍體。

落地後，他注意到來丟屍的是同寺院的類阿波喇嘛——他是一位很有修持的僧人，在施身法的造詣頗高，為僧俗祈福禳災時有靈驗異象，是位極受敬重的長老。旁邊還有幾位一同前來修法的喇嘛，有的正忙著處理屍體。

在一群禿鷹當中，圖桑看到，其他同類都是毛色豐勻光滑鮮亮，唯有自己不但較無色澤，還有些掉毛，他不禁疑惑地問了站在身旁的禿鷹說：「呃……不知為何，我的羽毛看起來沒你們的好看呢？」那隻禿鷹上下打量著他，說：「應該是因為我們是住山的野鳥，而你是居家的家禽的關係吧！」

「喔，是這樣啊……」看來鳥也跟人一樣，在家宅久了，各方面都會退化。

俄傾間，一陣騷動，原來是開始切割屍體餵食了。看到一塊塊的屍肉，圖桑頓時食指大動，也跟著趨前享用美食，平日裡不能吃肉的他，這時卻覺得美味無比，猶恐不能飽食，於是也跟著所有禿鷹一起搶食。

正渾然忘我地吞肉時，主法的類阿波上師大聲地對他說：「圖桑，不要吃太多，你會受不了的！」圖桑瞪了一下類阿波，才不理他說什麼，心想：「我自吃我喜歡的，有什麼好受不了的，真是囉嗦！」

類阿波見他不聽勸，手指著那群禿鷹，大聲地吩咐身旁的喇嘛說：「來人啊，把圖桑趕到一邊去，不要再讓他吃肉了！」

眾喇嘛聽了，一時反應不過來，也指著那一群禿鷹，疑惑地問說：「圖桑……圖桑在裡面？」

「對！快把他趕走！」類阿波說。

「可是怎麼認出哪一隻是他啊?!」

「沒什麼認不出來的！」類阿波大聲地說：「裡面那隻最醜又禿毛的就是他！」

聽到類阿波這樣形容自己，圖桑陡然間羞愧到無地自容，不等僧人來趕，自己急忙飛走了。飛回寺院，看到自己的寮房，圖桑突然醒了，往下一看，自己身著僧服好好地躺在床上，正在想著剛才到底是夢還是什麼時，突然覺得想打嗝，接著湧出的那一股氣味，是股腥臭難聞令人作嘔的腐肉味，讓他真的受不了！

這是大約上個世紀三十年代在藏域的康巴噶寺所發生的趣聞，也是由安諦長老所敘述，十分有趣。

藏人說，胎裡素的人大多是勇父、空行的化身，他們不能吃一般的肉，但是假如被勾招化為禿鷹時，一般認為就會發生以上那樣的情況。

密乘的行者，對於自己所觀誦的本尊、供讚的護法神，依止的根本上師，基本上是不會透露的。往昔在印度，甚至念珠也不會讓他人看到，遑論碰觸！祕密修持的原因在於，如此可以迅速地成就，同時也可以避免魔的侵擾！

16 密行的原因

在印度，一般房子的建材大多是以石頭建造。其實石頭極不理想，冬天的日照無法暖和房子，夏天的炙燒又不易散熱，造成冬冷夏熱。不過，可能是較磚頭便宜且易於取得，寺院在六〇年代興建的寮房，清一色以石頭建造。

閉關中心的關房也不例外，長方形的建築，以每塊約長三十五公分的長方形石頭，排成兩列堆砌而成，也就是說，每一面牆壁都砌有兩層石頭，厚度可達七十幾公分。上方中央則是以木頭為樑，垂放石棉瓦，放上兩邊的牆上，縫隙再塗上泥巴，簡易又牢固的房子就完工了！

照片中（見第十一頁上方彩圖），有紗門的是森多長老的關房，另一邊則是安江長老的關房。當然這都是十年前的照片，三十年前更是簡陋。

護法藏在床頭牆上

走進安江的房間時，可以看到床占了屋內的一半面積，另一半屬於走道的床頭牆面上，總是蓋著一塊五十公分左右的白布。其實在白色的牆面，約腰部至肩膀的高度，掛一塊白布是不搭的，白壁掛白布，並無特色；況且也看得出那塊布有點污垢了，以安江的個性，也絕對不會是為了美觀的裝飾。那到底是什麼意思呢？

跟安江熟了之後，終於忍不住問了！

「是什麼就是什麼，關你什麼事？」安江說。

「可是那塊布放在那兒很奇怪啊！」我說。

「你把嘴巴閉起來，不要亂問！閉嘴會嗎？」安江邊說：「像這樣。」邊做出抿緊嘴唇的樣子。

「嗯……！」

才十六歲的屁孩，怎麼肯這麼輕易就放棄？受到好奇心的驅使，當晚決定隔天下午定要一探究竟。

下午剛好是安江供讚護法神的時間，進門之後，逕自走到牆面，掀起了白布，原來裡面是一個正方形的空間，中間擺了兩個朵瑪，還有一盤供品，旁邊各擺了一個鐵製的嘎巴拉。

當時完全不知道是什麼，我的左手抓著白布，舉得老高，像是發現新大陸一樣地說：「安江，這些是什麼啊？」

安江轉頭看了一下，當時看到安江帶著些微惋惜的眼神，有點責備地說：「為什麼要打開看啊？哪有人這樣做的！」

「有什麼關係嗎？」我略帶委屈地說：「我就想知道裡面有什麼嘛！」

「好了！好了！」安江揮了一下手，說：「把布簾放下了，過來坐好！」

「你看也看到了，滿足了嗎？開心了嗎？」安江凝視著我說。

「還好耶！」我說：「我又不知道那是什麼?!」

安江說：「以後如果你閉關，就會知道了！」

「現在不能知道嗎？」我懇求說：「我很想知道那是什麼！」

「以後就會知道了！」安江還是堅持不說，並趕我回去森多長老那邊繼續背經：「過去唸書吧！」

雖然沒從安江那裡得知答案，但是日後閉關便明白，原來那兩個紅色朵瑪，分別是代表本尊與護法神，在牆壁右邊的是金剛亥母[1]，左邊則是盜火大神[2]。

---

1 參見附錄11。
2 參見附錄3。

對於安江的護法神是盜火大神，我覺得很合理。護法神本來就是隨自己的喜好而選，康巴噶寺的僧人，一直特別鍾愛盜火大神，我也看過安江供讚祂，所以理所當然。

然而，我一直以為，花了五年時間，持誦百字明咒達千萬遍咒數的安江長老，會以金剛薩埵為本尊，沒想到，老人家依舊堅持竹巴派傳統，以金剛亥母為本尊！

惹瓊巴病癒的夢兆

其實，後來從常講祖師傳記的安諦口中，間接明白為何觀誦需要藏匿朵瑪。擅長說故事的他說了一個生動的故事，分享如下：

惹瓊巴尊者[3]（一〇八三～一一六一）因為罹患了痲瘋病，在來自印度僧人的引薦下，決定前往印度謁見他們的上師——瓦拉增札大師，向他求法祛除疾病。

原來，印、藏人普遍認為，痲瘋病都是由觸犯了龍族所引起，所以，此病也稱龍病。基本上，得罪鬼神固然會被懲罰，然而天龍八部中，卻以龍族最為兇殘！龍族性喜潔淨，天性剛烈頑強，愛恨極度分明，一旦結怨相犯，不僅有仇必報，且必定加倍奉還！一般的懲罰僅止於觸犯的那一生，但是龍族則是追殺九世，所謂「只知捕縛不知放」！令冒犯者世世皆患

3 參見附錄12。

龍病，而且降罪殃及七世子孫，每代子孫必得痲瘋病。所以天龍八部中，以得罪龍族的下場最為悽慘可怕！

僧人們提到，密咒乘中金剛手菩薩[1]威力最為強大無比，曾經降伏一切天龍鬼神，故是八部之主尊，亦是所有鬼祟的剋星。因此，想要治癒龍病，就必須修持金剛手，方能如願，而此強大法門，唯有他們的上師才擁有。於是為了治癒疾病，惹瓊巴辭別了上師密勒日巴尊者之後，便隻身前往印度。

到了印度，惹瓊巴順利地找到了瓦拉增札大師求得法要，藉著精進修持，某天夜裡，夢到從體內鑽出許多條黑蛇，然後悉數被人驅至遠處，離開了自己，不過，卻有一條蛇回頭看了自己一眼！驚醒後，發現床已濕透，然而痲瘋病也已痊癒了。隔天將此夢境稟告瓦那增札尊者，大師告知，蛇回頭表示後緣未了，可能體內尚有餘病存在，應當再予虔誠觀誦金剛手。惹瓊巴遵囑而修，果然完全康復。

樹洞中的祕密

對於疾病能被治癒，惹瓊巴極為歡喜，他希望能夠修持與大師一樣的本尊，以求達到相等的證量。但是，無論如何請示，大師就是不願透露自己所觀誦的本尊。

1 參見附錄13。

這是正確的態度。密乘的行者，對於自己所觀誦的本尊、供讚的護法神、依止的根本上師，基本上是不會透露的。往昔在印度，甚至念珠也不會讓他人看到，遑論碰觸！祕密修持的原因在於，如此可以迅速地成就，同時也可以避免魔的侵擾！

當然，瓦拉增札大師已得成就，雖早已無需如此戒慎，但是一輩子的謹慎，是修行人的風格。

被拒絕的惹瓊巴，並沒有因此而退卻，心想：「明的不行，我來暗的！」

於是，夜晚的時候，偷偷躲到上師關房的窗前，想藉著聽出上師所持誦的咒語而得知其本尊。不料大師偏偏持靜咒，完全聽不到任何的聲音，惹瓊巴縱然偷聽了好幾個晚上，還是沒有任何頭緒！

「那我就日夜相隨，不相信找不到答案！」鍥而不捨的惹瓊巴，開始跟蹤上師。有天，看到大師走進一處森林，頓時尾隨其後，看到大師對著一顆大樹作出手印以及唸誦些許時間後，隨即離開。

惹瓊巴趕緊跑過去樹邊端詳究竟，發現樹皮似乎可以移動，拿開樹皮一看，裡面竟是中空，在一肘高的樹洞裡，供奉著一尊金剛亥母佛像，前方還擺著剛剛供上的新鮮供品。

答案揭曉，原來瓦拉增札大師的本尊是金剛亥母，那就好辦了，去求此法即可！

惹瓊巴滿懷期待來到大師面前，跪著請求賜予金剛亥母的全部竅訣，沒想到大師冷冷地回絕：「無法賜予！」

黃金教法

惹瓊巴還以為自己聽錯了，再次提出請求。大師搖著頭說：「此法稀有殊勝至極，除非供養黃金作為求法依據，否則無法賜予！」

其實，要求獻出黃金再給予教法，並非大師貪財，而是表示對法的尊重。黃金是五寶中最為貴重的珍寶，以此作為求法所依，恰能突顯法門的尊貴與求法者的虔敬心。

話雖如此，然而惹瓊巴一貧如洗，身上的盤纏也用得差不多了，根本拿不出黃金作為供養。他盤算著先回藏地，等到籌足所需的黃金之後，再回來求法。打定了主意之後，即刻準備起身回鄉。

經過市集時，具德天女（瑪哈嘎哩）[1]幻化為一個印度婦女，在街上攔住惹瓊巴，問說：「你要去哪兒？」

惹瓊巴回答：「有事要先回去藏地。」

婦女再問：「事情都圓滿了嗎？」

「就是為了讓事情圓滿，才必須先回藏地一趟，日後會再回來。」惹瓊巴說。

1 參見附錄14。

「是什麼事這麼重要？」婦女探問。

惹瓊巴將整件事情簡單地敘述了一遍。「那你就更不該回去了！」婦女說：「印度、藏地二地往返費時，再等你籌到黃金，上師可能都圓寂了，屆時，你的黃金又有什麼用處呢？」

後來在婦女的幫助下，惹瓊巴順利取得黃金，求到了亥母的全部教法。

以上故事是憑我個人聽講記憶所述，很可能會有錯謬之處，幸好敘述的重點在於長老與我，若有錯置，還請大家見諒！

盜火大神（甲巴美廉）護法神

所謂的「前制」是指，持那些事業咒之前，必須先具備的主尊咒力，先持誦事業咒所屬的主尊咒力，就稱為本尊的「前制」。通常都是先圓滿「前制」，合乎要求的咒數條件之後，再持誦事業咒而達到目的。

17 咒語的力量

在我十五歲至二十歲時的背經過程中，雖然未能真正契入密法修持，但是與瑜伽長老們朝夕相處，各種傳記與故事聽得不少，某些引人入勝的情節，總是讓我欣羨不已！

有一天，安諦長老過來找森多長老談事情，剛好我在旁邊背誦有關十六羅漢[1]的儀軌，安諦長老聽了，就聊起了他們小時候所聽到的傳說。

羅漢現身勘誤

在青海囊謙縣那邊有一座寺院，那座寺院同我們一樣，也是要背誦各種儀軌。

有一天，一個小沙彌帶著自己的經頁，在一顆碩大的巨石邊背經。那天的功課恰巧也是

1 羅漢是 arhan 的譯音，全稱「阿羅漢」，有著應供、殺敵之意，乃是聲聞乘的最高成就。證得此果位的功德廣大，能成人天福田，故為「應供」；已滅盡貪、瞋、癡、慢、妒等，如怨敵之煩惱五毒，故為「殺敵」。十六羅漢雖然早已成佛，然卻示現為釋迦牟尼佛的弟子，所謂「一佛出世，千佛護持。」故而奉持釋佛的慈命住世，偕同各自眷屬羅漢分別居於天界、人間伺機弘揚佛法，度化眾生。

十六羅漢的儀軌，為了成篇背誦，小沙彌不斷地重複誦經。

其實背經沒有任何捷徑，我們被教導只能不斷地重複大聲唸誦，通常是一天背一張或一頁，記憶力越強的人，就能在越短的時間內背誦起來，反之，則要花上更久的時間來背誦！

就在小沙彌不斷地重複誦經之際，霎時從巨石內走出一位相貌清奇、意態軒昂的出家人，指著小沙彌的經頁說他是其中一位，經頁的內容寫錯了，需要更改一下。

在那部儀軌中，除了釋迦牟尼佛之外，其餘的每一位羅漢都各占一偈的讚文，一偈有四句，一句有七個字。偈中的內容提到每位羅漢的法號、居住地、手中所持的法器與所領的羅漢眷屬的數量。

雖然現身的羅漢自報法號，也指正儀軌中必須修改的內容，然而，當時年幼的沙彌早就因為乍見巨石敞開而驚詫地不知所措，完全忘記錯誤所在！

「真是可惜！」忘了還在上課的我說：「不然我們就可以知道是哪裡錯誤了！」我又想到，羅漢是不是也像森多長老那樣，因為沙彌和我一樣不斷地唸錯，終於受不了而出面糾正呢?!提出了我的疑問，「應該不至於吧！」安諦長老笑說。

聽到了十六羅漢這麼靈驗，就興起了想供讚的念頭，於是下課後，又過去隔壁找安江長老，迎面就問道：「安江！我想供讚十六羅漢，可不可以給我口傳？教我怎麼修？」

「嘿！嘿！嘿！」安江笑瞇瞇指著我說：「這小子不知道又從哪裡聽到誰講什麼，怎麼又突然想到十六羅漢了？」

「下午聽到安諦講了一些羅漢的故事，我就很想唸誦羅漢文。」我興沖沖地說。

「好！好！好！」安江邊說邊找儀軌：「雖然不確定你可以堅持多久，既然想唸誦，唸一天是一天，就唸吧！」於是，安江打開儀軌，開始給我口傳。

口傳之後，我問安江說：「這該怎麼唸呢？」

「去問安諦。」安江說。

「唉喲！我會害羞啦！」

「那就戴著面具去！」安江說。

「為什麼要戴面具去？」

「戴了面具，就不怕害羞啦！」

「害羞」這個詞在藏文直譯是「臉痛」，所以安江的意思是：「戴了面具，就不用怕臉痛啦！」或者，另一種意思是說，戴上面具，誰也不會認得裡面是誰，那就不必害羞了！這是藏人的幽默。

「不要啦！」我懇求著安江：「就這麼一些而已，不要再去找安諦了，您就直接教我啦！」

「既然如此……」安江看著儀軌，一頁一頁地翻著，邊看邊說：「這應該是這樣唸吧！」

然後真的逐一解釋。

不過，果然不出老人家所料，大概唸誦不到兩個月，便將十六羅漢儀軌束之高閣了。

米龐仁波切的咒語大全

早在去寺院學習的第二年，就有一位佛學院的喇嘛跟我說，他之所以書唸得好，是因為唸了一種智慧咒。每天清晨掬水在掌中，然後唸誦七遍咒語後，對著水吹氣再喝下即可。

咦？竟有這種咒！他雖然不藏私，立即抄寫給我，提醒我記得每天唸誦，但是這種類似魔法的情節，還是讓我半信半疑，我馬上跑去問安江長老：「這樣真的會有效嗎？」

「喔呀！」安江提高音量說：「不會有效了！」

「為什麼？」我問：「為什麼不會有效了！」

「因為你已經懷疑了，『密咒敗於疑惑』，信心不堅定，修了也沒用！」安江說。

「那……我調整心態、重新具備信心來唸，可以嗎？」

「你試試看吧！」

雖然還是試了一陣子，不過，可能是初始的一念壞了緣起，咒語果然無效，記憶力未有起色，背經依舊背得十分辛苦。

後來，在某種因緣下，得知在安諦長老手邊有一部米龐仁波切著述的《咒語典集》，裡面的咒語千奇百怪，應有盡有，舉凡治病、招財、增智，甚至呼風喚雨咒、如鳥飛天咒、行走水上咒、開鎖咒、聲音悅耳咒、預知未來咒、魅力無窮咒、隱身咒、闇室明亮咒、諸事成就咒、招桃花咒、貴人咒、美音咒、逢賭必贏咒、點鐵成金咒等等，族繁不及備載……裡面的內容之精采豐富，即使是哈利波特的魔法也難望其項背。

當時，對於書中的內容似懂非懂，請安諦長老稍微解說裡面的內容。他邊唸誦邊解釋，讓我愈聽愈是神往，渴望修成這些神通，於是開口要求說：「安諦，我想修這些咒語，可以給我口傳嗎？」

沒想到，長老一口回絕，他說：「我們是立志要成佛的人，這些咒語對我們沒有實質的幫助！」安諦長老繼續說：「以前在藏地，有人會花上十多年的時間去修持這些，雖然可以成功，但是這些神通在面臨死亡時，毫無意義，我們不需要這些東西。」

天尊的「前制」

「拉搜（遵命）……」我又問：「只要圓滿這本祕笈所載的各自咒數，就可以成就彼咒了嗎？」

「應該是吧！」安諦長老說：「要有口傳，還要有天尊的『前制』，應該就可以了。」

「前制？」我沒聽過這個名詞，又問：「請問什麼是天尊的『前制』？」

「所謂的『前制』是指，持那些事業咒之前，必須先具備的主尊咒力，先持誦事業咒所屬的主尊咒力，就稱為本尊的『前制』。通常都是先圓滿『前制』，合乎要求的咒數條件之後，再持誦事業咒而達到目的。一般人不曉得需要『前制』，一股勁兒地傻傻持這些事業咒，不會成功的。」

恭敬地聽了之後，我又問：「請問安諦，像這部《咒語典集》的『前制』會是哪尊天尊呢？」

「有可能是文殊，也可以是蓮師，所謂的『諸佛本智界中同一體』，是沒有差異的。」

「拉搜。」我懷著忐忑不安的心，大膽地請示：「我可以把這本《咒語典集》拿回去拜讀嗎？兩天後，一定歸還！」

「可以！」沒想到安諦長老立即爽快地答應我說：「你就拿去吧！」

米龐仁波切 vs. 哈利波特

懷著欣喜雀躍的心情，當即拿著《咒語典集》，三步併做一步，連跑帶跳趕去安江長老的關房，看到老人家一如既往地正在持咒。我也不管是否打擾到了長老，一坐下來，劈頭就問：「安江，您有這部的口傳嗎？」

「有什麼口傳是我沒有的?!」安江又說了那句口頭禪。邊說邊翻開我遞去的《咒語典集》，慢條斯理地說：「這是什麼？原來是米龐的《咒語典集》啊？你要這個口傳做什麼？」

「裡面有很多稀奇古怪的咒語，如果修得成，不是很好嗎?!」我說。

「修成了又如何？」安江不以為然地說：「這種對死亡的來臨又沒有幫助！」安江也和安諦一樣，完全不屑這種相較於死亡等同雞毛蒜皮的咒語。

「可是在還沒死前會有幫助，不是嗎？」深怕又被拒絕，我說：「我想修啊！」

「修這些，倒不如唸誦『瑪呢』（觀音六字心咒）來得有意義！」

「唉喲！安江，您不懂啦！」我直接反駁說：「到底有沒有口傳嘛?!」

「如果這部《咒語典集》收錄在《米龐教言集》裡，那我就有口傳，如果沒被收錄在裡面，就沒有！」

「到底是有？還是沒有？」我追問著。

「就是我剛剛說的那樣，收錄在《米龐教言集》裡，我就有口傳，如果沒被收錄在裡面，就沒有！」

「沒有口傳而口傳，會怎樣？」我問。

「那就是打妄語！」安江說。

「那就當作已得過口傳，請您給我口傳可以嗎？」我不想放棄機會。

「你要我唸，我就唸給你聽嘍！」安江說。

「可是，您又說沒有得過口傳而給予口傳是打妄語？」我遲疑著問：「所以，可以嗎？」。

「你要我唸，我就唸給你聽。」安江說：「我就是把經書從頭到尾唸一遍而已。」

「可以明天就口傳嗎？」我說：「我明天要把《咒語典集》還回去。」

「明天你不用讀書嗎？」

「我可以跟森多請假啊！」

「請得到假就過來聽吧！」

「安江，您對我太好了！」我忍不住又一直親著他的臉頰。

「好了！好了！」安將把臉別過去說：「別這樣！別這樣！」

然後，我走回去森多長老的關房，坐在我的床椅上，支支吾吾地說：

「森多，我明天可以請假嗎？」

「為什麼要請假？」森多面無表情地問。

「想聽安江口傳，已經請示過了，他同意了。」

「口傳？」森多看著我說：「什麼口傳？」

「米龐仁波切的《咒語典集》，可以嗎？」

原本以為森多長老也會像安諦長老那樣，反對我學這種世間咒語的想法，出乎意料他卻點點頭說：「有機會得到口傳，當然不能錯過，更何況是安江賜予的口傳！」

沒想到這麼順利，本來還想著，如果被駁回請求，我該想些什麼辦法去應對的！

隔天一早，吃完早餐後，森多長老在地上鋪一塊墊子，叫我坐在上面，但他並未留下領受口傳，鋪一塊墊子之後，逕自回房去了。可能和安江、安諦二位長老一樣，對無關生死的咒術，沒什麼興趣吧！

獻上曼達、撒米後，安江開始給予口傳。其實，《咒語典集》內容挺多的，安江唸誦的速度也不慢，不過，還是唸到了下午才結束。

修習隱身法的願望

口傳的過程中，本就對《咒語典集》不屑一顧的安江偶有停頓，時不時針對裡面的內容頗有微詞。例如，唸到闇室光亮咒時，他會說：「搞這個，是要幹嘛？」或是唸到一些雞毛蒜皮的小咒時，望著我說：「這有什麼意義啊?!」結束後，我問安江長老：「我現在可以開始修隱身了嗎？」

隱身本來就是眾人的夢想，在密法中也確實有這種法門存在。聽安諦說，「隱身法」可藉由修持天尊而順帶成辦；也可藉由持誦隱身咒語，再塗抹藥物而成；甚至更有找到烏鴉巢，將整個巢的樹枝丟入水中，再尋得其中的隱木，把隱木帶在身上即可隱身等方法。

我跟安江說了想要隱身的願望。

「想要隱身啊？」安江笑了笑，說了以下的故事：「以前在藏地有一位上師，不知道從哪兒找到隱身的口訣，為了達到隱身的目的，上師宣布閉關，專心地觀誦持咒。一段時間後，達到了咒數的要求，於是這位上師必須試試看是否已修成隱身。」

安江又笑了，繼續說：「原來隱身只能隱去身體，衣服無法一起隱藏，因此必須脫光衣服才可驗證是否成功。於是中午時，上師裸身坐在自己的座位上，不出一聲。護關的侍者端著飯菜進來，看到一絲不掛的上師，赤條條地一本正經坐著，心裡稍微驚嚇了一下！」

聽到這兒，我說：「那就是沒成功呀！」我都替那位上師覺得不好意思了！

安江笑著說：「侍者馬上明白上師在修什麼了！他雙手端著飯菜，裝作看不到上師的樣子，還故意四下張望，自言自語說：『咦？上師呢？去哪裡了？早上不是還在嗎？怎麼突然不見了？難道出關了?!』說著，又把飯菜端了出去。

「這位上師以為大功告成，於是穿好衣服後，又把侍者叫進房裡說：『這次閉關，領受了極大的加持，我決定明天出關，為大眾灌頂。不過，我還不能馬上見大眾，怕有穢氣侵身，所以會派寶瓶在半空舉行儀式為眾人碰頭，你就這樣發布消息吧！』

「『拉搜！』侍者忍住笑意，領命而去。」

聽到這兒，我已經笑不可抑了。

安江說：「結果隔天寺門一開，只見上師全身光溜溜的，手上拿著寶瓶，準備灌頂……男女信眾，驚愕不已，皆大喊說：『上師瘋了！』相顧駭然，然後悉數四處逃竄！」說到這兒，安江自己也開懷暢笑，跟我說：「想修隱身？小心落得跟那個上師一樣的下場！哈！哈！」

想到那個場面，我們笑得前仰後合，就此打消了要學隱身的念頭。

許多口傳皆從安江長老處獲得，老人家對我有極大的恩德。所謂「後援的口傳」，意即獲得了口傳，即是獲得了始自佛陀或蓮花生大士，抑或是某位祖師大德的真實語力。唸誦經咒、儀軌時，藉著「後援的口傳」能令歷代口耳相傳的實語力量，源源不斷的讓加持力如無竭的泉源般，滔滔不絕地湧現，觀誦得以事半功倍。若能細思其義，實是人生幸福之至!!

明點是法身之所依，想要氣入中脈必須依靠明點，沒明點是無法修拙火氣功的。因此，一般在家人無需癡心妄想，如果僅因慕名「那洛六法」而好奇探索，卻沒有深入轉心四思惟，放棄不了世間的一切，實際上只是癡人說夢，拙火並不是該選擇的法門。

18 伏藏之等味拳法

閉關期間，主要的指導師父是安諦長老，所有的既定項目皆由他給予教學，無論是「大圓滿」，抑或是「大手印」、「幻輪拳法」，皆是安諦長老指導閉關的新進者如何修持，一招一式地遵循「幻輪指引」內容所示，詳細地解說加上演練，讓初學者明白怎麼作出最正確的動作與觀想。

「幻輪拳法」聽起來似乎獨步天下、高深莫測，其實那些動作就同印度、台灣民間的瑜伽差不多，只是有些動作更加激烈而已。練習一般的瑜伽，強調既能舒展筋骨、強身祛病，更能延年益壽，甚至到了最高段，還能天人合一。至於共有兩百多招的「幻輪拳法」更加神奇，青春永駐、長生不老，都不在話下了。

為了能確保其加持力，利益真正想修持的行者，歷代祖師們皆視為不外傳之密法，而以口耳相傳的師徒制傳承著。然而，時至今日，在坊間書店或是網路文章，都可看到不少圖示、解說，內容已經完全沒有祕密可言，真不清楚公開這些內容的用意何在。

密修幻輪的力量

記得還在森多長老跟前讀書時，幾乎每天下午都會聽到，安諦長老帶著雷殿大師兄等人練習「幻輪拳法」，在將近一個鐘頭的時間內，不斷傳來巨大的撞擊聲，令我非常好奇，曾問過安江長老：「我可以去看嗎？」

「當然不行！」

「偷偷地從窗戶縫隙看呢？」我不死心。

「可千萬別跑去看，否則會瞎了眼睛！」安江嚴肅地說。

「有那麼恐怖嗎？」

「我們之前剛學『幻輪』時，大家一起在山上練習，為了方便喝奶，隨手牽了一頭母山羊，練習『幻輪』時，也沒多想什麼，就把母山羊綁在樹下，眾人一起打拳時，羊是全程觀看的，結果沒多久，羊竟然就瞎了！」

「瞎了?!」

「是的！」安江點頭：「這樣你還要去偷看嗎？」

「不了！」我說：「不去了！」

「可是，為什麼會瞎了呢？」我不禁問了安江長老：「那是怎麼了？」

「這種深奧的教法皆有空行母守護著，一方面防範魔擾，一方面也是賜予行者加持，得以快速成就。」安江說：「所以不能公開弘傳，加持力恐會散失！據說，『大禮拜』、『金剛舞』、『幻輪拳法』這三項皆具大加持力，然因前二者皆已廣傳與公開示眾，敬陪末座的『幻輪』反因祕密修持而成加持力最強大者。」

原來如此，總算知道為何不能廣傳了。

「可是，每次打拳都會傳出那麼大的聲音，那又是為什麼呢？」我問：「他們是在撞牆壁嗎？」

「當然不是撞牆壁！」安江說：「為什麼要撞牆壁？別說傻話！」

「為什麼會發出那麼大的聲響呢?!」我問。

「你看過『蓮師法會』[1]的瑜伽父妃雙盤著地吧？」

「看過！」說著時，腦海中浮出瑜伽士在蓮師法會的初十那一天，雙雙在廣場空地上半空盤上跏趺坐後，雙盤著地的畫面——難怪弄出那麼大的聲音！

---

1 蓮師大法會：源自於第三世康祖法王——嘉華多康巴 那旺貢噶丹增，於西元一七一二年在蓮師聖地勝月大鎧甲窟修行時的淨相中，親見蓮花生大士顯現了化身八變、勇父空行眷屬與天龍八部的莊嚴舞蹈，並遵蓮師囑咐，將其密意伏藏融合於金剛舞、供讚、灌頂暨大薈供當中，而成為圓滿蓮師儀軌的事相大法會，所有參與法會者有著「修者即得解脫」與「見者必得解脫」的殊勝功德。為了安定世間、利益眾生且振揚佛教，金剛舞盛會至今仍每年在札西炯康巴噶寺隆重舉行。

「好！」安江說：「就是那樣！」

「可是……」我不解道：「這樣捽，不會痛嗎？」

「持著氣，怎麼會痛?!」

「要怎麼持氣？」

「那跟你現在無關。」安江說：「想了解，以後如果學了氣功再說！」

修拙火讓氣入中脈

一般把「幻輪拳法」或說瑜伽想得太美好，其實單修「幻輪拳法」是沒有意義的，安江長老常說：「『幻輪』是用來為氣功除障的，假如不修氣功，『幻輪』打得好又如何？《幻輪》只是枝末，氣功才是主體啊！」

「氣功是什麼？」我問。

安江長老說：「氣功就是『那洛六法』當中的『拙火』（也稱猛火、猛烈火），如果真的要循此道而行，就要按部就班刻苦而修：共同四加行的確實思惟，四不共加行的確實圓滿，本尊心咒的數量圓滿。此後方能開始觀修。」

「觀修後，能夠怎麼樣呢？」我問。

「能夠像密勒日巴那樣！」

「要觀修多久後，才能那樣？」我興致勃勃地問。

「那就看各人的根器高低與精進程度了！」安江長老說。

閉關之前，對於拙火一無所知；閉關之後，總算得窺其奧妙。基本上，拙火是以觀想的力量打開體內的脈結，並且強制左右二脈的業氣入於中脈成為智氣，若能如此，則可說「心氣合一」，輪迴亂相自地消融，已得確定解脫無疑。如果氣入中脈，即是初地菩薩，既入聖流，此生所辦已辦，了無遺憾。

道諦臻滅諦的功德

一般來說，業氣轉為智氣的過程，需時三年三個月，此之所以密乘有著三年三月閉關之說，一般人也就順理成章認為，閉關修煉經歷那樣的時間即可成就。

關於這點，我們的祖師爺，采祖索南丹增[1]說：「一般認為只要閉關時間撐過了三年三月，就很了不起了，外面這麼認為，其他教派的閉關者也自以為如此，以為三年後就可以消化信財而開始聚眾傳法，當起上師來了，根本就是謬論、歧途！」這是他對當時還年輕的安

1 采祖索南丹增：是第六世康祖法王的弟子，由於博學多聞又實修實證，後來擔任第八世康祖法王的教師，也是當時藏域攝政王惹振之上師。瑜伽長老們皆為其徒，暱稱為老僧，主修鐵水閻羅，威力強大，曾於定中親見鐵水閻羅傳承之祖師且蒙受與所有法門，後將此法悉數獻予第八世康祖法王。於文革前圓寂，聖體縮小至一肘大小。

諦長老他們所作的開示。

國師繼續說：「三年三月是指，當一個修氣者，完全專注在猛火的觀修上，不分日夜，心無雜念，唯做此業再無他事，那麼解脫的週期（氣入中脈）是三年三個月。現在的三年閉關是將前行、持咒全部計算進去，即使可以觀修氣脈，也是閉關後期的事了，更何況也不會只專注在此法上，閉個三年關，絕對修不出個名堂的！」

確實如祖師所說，三年三月是大福德者的解脫週期，不是我們所以為的那麼簡單。安諦長老的氣脈指導老師之一，曲炯達傑長老就曾在山洞中閉關，以泥封門，專修猛烈火達十二年才打開臍輪，達到氣入中脈的境界！

我們看到密勒日巴尊者可以飛天穿壁、力大勝象（實際上是一億頭大象以上的力量），看到惹瓊巴尊者可以行如飛箭，看到岡波巴大師可以懸掛袈裟於陽光上，甚至印度成就者的種種事蹟，幾乎都是氣脈的功德——當然也是經由道諦而得臻滅諦的功德。

修《那洛六法》的條件

氣脈是最高境界的修持法，需要知道的是，學《那洛六法》，明點（精液）是不可以外漏的，也就是說必須持戒，不能有伴侶。

還有，若是才要起步觀修，卻已經過了三十六歲（或四十二歲），按照《六法引導》所述，就不能或說不必修了，因為就算在三十六歲（或四十二歲）之前，一直持守明點不漏，還是會在無意之間持續消耗的。安江、安諦還有其他長老，都是在三十歲前，即已契入六法，森多、阿曲長老則是在二十五歲前就開始修持，也就是說，童貞入道、終身持戒、專志修持是入門的基本條件，所以根本不適合在家人觀修啊！

不管在科學上怎麼解釋明點（精液）的成分，在拙火的引導裡面，祖師大德們說，明點是法身之所依，想要氣入中脈，必須依靠明點，沒明點是無法修拙火氣功的。因此，一般在家人無需癡心妄想，如果僅因慕名「那洛六法」而好奇探索，卻沒有深入轉心四思惟，放棄不了世間的一切，實際上只是癡人說夢，拙火並不是該選擇的法門。

當然，密乘法門眾多，除了觀修氣脈，大手印、大圓滿、觀誦本尊等等，都是即身成佛的菩提大道。或許有人要問：「既然一樣是成佛，為什麼要這般刻苦觀修氣脈呢？」

因為氣脈能夠更快成佛，對於發大心利眾者來說，能夠更迅速利益自他，而且，其在身體上所顯現的道上功德是不共的，修持其他法門不會出現那些奇蹟。

不過，強大的勝利必得經歷難以言喻的艱辛勇勵，安江長老說過：「修行之難，無有較於氣脈之觀修更甚者！」前面提到的曲炯達傑長老，自身的經驗是：閉關十二年期間，一天八座，一座兩個多小時，每天以毘盧七支法的坐姿持續不斷，專致修持拙火。

幻輪的怪動作

記得剛學「幻輪」那一天，大家只著一件藍紅短裙，圍成一圈聽著安諦長老講解。長老談起初學時，他看到除了奇怪的動作，還有每個人都扳著一副臉孔，禁不住笑了出來。當時，雖然害怕被斥責，卻又止不住笑，結果搞得全場格格大笑，連帶頭的曲雷長老也忍俊不住。

當時，我還悄聲問了隔壁早我兩年閉關的師兄：「『幻輪』有什麼好笑的？」

「是有些怪怪的動作啦！」

「是喔！」我又問：「你們剛學的時候，也笑了嗎？」

「沒有！」

安諦長老講解過後，示意雷殿大師兄可以開始了。於是，我們開始站立，一樣由「皈依發心」開始進行。不同的是，每個詞都配合著一個動作，赫然發現有些動作真的有些滑稽！

在儀軌中「皈依發心」要唸誦三遍，同樣地，在「幻輪」也是要重複三遍，我終於忍不住笑了出來！一開始真的怕被訓斥，安諦長老就站在我的對面，心想完了，絕對不能再笑了，可是愈憋著愈想笑，只能低頭吃吃地笑，結果身旁的師兄弟都被我傳染了，最後還是搞得全場琅琅笑聲不絕，連帶頭的安諦長老也不禁莞爾！

五十年前的笑場在印度重演，還好長老寬容，否則免不了一頓責罵！

安江的私人課後補習

除了每天下午和師兄弟們一起在拳房接受安諦長老的指導，下課之後，就是跑去安江長老的關房繼續複習，畢竟可以私底下毫無顧忌地發問，不怕被其他人嘲笑問了蠢問題。

彼時，安江大多在裝藏，老人家會邊聽我的敘述邊講解竅訣，有時則會當場演練正確的招式，或是要我打出招式，再糾正箇中的錯誤。兩人相互對看地演示觀摩。

有次，提出有關拙火的疑問，為求謹慎，安江立即拿出《六法略品紀錄》，一邊翻閱一邊說：「這是最好的老師，怎麼問都不會不耐煩，有疑問，問這兒就對了！」於是，安江便仔細地逐一講解要點，那一天應該耽擱了他的裝藏進度。

閉關時，「幻輪」是依序傳授的。先是「那洛六法」，再來是「深奧道」，然後是《耳傳」，最後是「等味」、「鐵水毒面閻羅」。

每次開始打拳或說練習瑜伽前，為求傳承祖師賜予加持，一定得唸誦傳承祈請文，「那洛六法」與「深奧道」的傳承祈請文是相同的，「耳傳」、「等味」、「鐵水毒面閻羅》則因各有傳承，而有不同的祈請文。

特別是「等味」法門，這是由密勒日巴尊者的大弟子——惹瓊巴去印度謁見帝普巴[1]尊者時，所求得的法要，帝普巴尊者囑咐惹瓊巴說：「此法目前未到弘揚時機，你應當先將其

1 參見附錄15。

作為伏藏[2]埋藏好，三代之後，自有具宿緣之後學將其取出。」惹瓊巴依囑埋好伏藏，且敕令瘋嘴護法神[3]擔任守護伏藏之責。三代之後，由竹巴噶舉的創派祖師藏巴甲惹[4]取出此法而弘揚，所以成了本派獨有之法。

剛開始學習「等味拳法」時，一樣得唸誦傳承祈請文，然而，卻不是以名號祈請祖師，而是以嘉旺傑祖師[5]之《大道歌》的口訣來唱誦，表徵面臨六種境界時，所該有的坦然心境，令人為之神往。

《緣相自解脫之歌——所顯等味之口訣》

南摩瑪哈姆札亞（稽首大手印）

具德噶舉上師暨，特於具恩之法尊，
無作之狀中虔祈請，不二之狀中賜加持，

2 伏藏：可分為財、法二類。像是蓮花生大士或是已證悟地、水、火、風、空五大皆為五佛母之自性，且可威懾天龍八部者，則可隨意將財、法二者埋藏於五大之中，且敕令某鬼神作為守護伏藏之護法神，並發願於未來某合適時節，讓後學伏藏師取出並利益眾生。

3 參見附錄16。

4 參見附錄17。

5 參見附錄18。

此緣相自解脫翩翩起，此隨顯法身響咚咚。

證悟實相瑜伽士，念頭乃心之大莊嚴，
當明瞭念頭之自性，隨顯乃法身之鋪陳，
此緣相自解脫翩翩起，此隨顯法身響咚咚。

離卻基根瑜伽士，煩惱乃心之大莊嚴，
當明瞭煩惱之自性，五毒乃甘露之大海，
此緣相自解脫翩翩起，此隨顯法身響咚咚。

斷捨我執瑜伽士，鬼神乃心之大莊嚴，
當明瞭鬼神之自性，障礙乃成就之前導，
此緣相自解脫翩翩起，此隨顯法身響咚咚。

行持利他瑜伽士，苦痛乃心之大莊嚴，
當明瞭苦痛之自性，承擔乃菩提心之發揮，

此緣相自解脫翩翩起，此隨顯法身響咚咚。

證悟空性瑜伽士，疾病乃心之大莊嚴，
當明瞭疾病之自性，病祟乃善行之喚醒者，
此緣相自解脫翩翩起，此隨顯法身響咚咚。

離卻希疑[1]瑜伽士，死亡乃心之大莊嚴，
當明瞭死亡之自性，無死乃本初之終境，
此緣相自解脫翩翩起，此隨顯法身響咚咚。

當無知，功德是過失；若知，過失亦功德，
當明瞭功過之罪惡，即擊破俗諦之妄源，
此緣相自解脫翩翩起，此隨顯法身響咚咚。

1 希疑：希求、疑慮，求好惡壞、趨吉避凶，皆是此等表現，真正的修行者面對境界應當不迎不拒，坦然而住。

當我拿著此篇又稱為《六項等味》[1]的祈請文與安江討論時，曾讚歎其無所遺漏的囊括人間境相。長老說：「念頭、煩惱、鬼神、苦痛、疾病、死亡等境，是我們無時無刻所必須面臨的考驗，道歌闡述的是自己當以何種心態去面對，牢記於心是有益處的。因為人的一生無法事事順遂，即使福報廣大五福具足，死亡終究會來到跟前，所以詳讀道歌是有助益的。」

安江又說：「道歌裡面所提到的『緣相』是『順、逆緣』與『淨、穢相』的意思，無論面對什麼困境，坦然安住就對了！」

至於過失、功德同一體的意思應該是這樣的：

在不了解自心的本來面目前，心隨境轉，情緒起伏不定，三門不斷造業，那是過失；一旦了悟心性，方知外在的順逆緣、淨穢相皆為自心外顯，離卻自心無一法可得，之前深受其擾的念頭、煩惱、鬼神、苦痛、疾病、死亡等六事已成修持的莊嚴，就像小火怕風，必須擋風燃火，然而森林之大火卻不畏風，風勢強勁火益增強，這是功德。

其實，正因明瞭一切皆為自心所顯，心又是無基離根[2]。所以，妄念愈紛飛愈好，煩惱

1 詳見33頁註1。

2 無基離根：心無來處，是為無生；中間無依據，是無所住；最終無去處，是為無滅，離卻生、住、滅三相，即是「無基」，心超越形狀、顏色，無可認持，故說「離根」。

愈熾盛愈好，鬼神愈凶殘愈好，苦痛愈強烈愈好，病祟愈折磨愈好，甚至死亡的來臨，對於證悟自心者而言，更是值得慶賀之事，因為那正是謁見本初光明[3]得以成佛的良機。所以生時自在，死時灑脫，活著時，心境不再起伏，常住覺性[4]之中，心境合一，修持與日常生活無二無別，此刻方可說「行住坐臥皆是禪」！

原本凡夫所厭惡的「過失」，在等味行持中已是「功德」，然而，在那之前，上述每一樣都能讓我們無法定心，心生排斥與恐懼，雖然是「功德」卻被誤認是「過失」。簡單來說，開悟前，菩提是煩惱；開悟後，煩惱是菩提。應該就是《六項等味》的本意，此法甚是平易近人，卻又如此關鍵，不可等閒視之！

3 本初光明：眾生本具的佛性，也稱如來藏、本初心、空性、光明等詞。本初光明又稱母光明，會在第一中陰階段顯現，行者藉著生前觀修大手印、大圓滿等心性法門了悟空性，未能即身成佛者，在此關鍵的中陰時刻認持出現的本初光明，如同他鄉遇故知，亦如子入母懷，契入光明，證得法身佛果位。

4 常住覺性：住於正念，時時刻刻以正知為哨兵予覺察而保任，稱為常住覺性。

安江長老

我靜靜走進屋內，才剛在我常坐的床沿坐定，原本半躺著的安江，馬上起身緊緊地一把抱住我，說了我永遠也忘不了的話：

「我在死前能夠再看到你，你也在死前能夠再看到我，我們倆能這樣太好了，真是歡喜！」

19 臨終把握生死自在

在我圓滿了第一次三年閉關之後，面臨了繼續與否的抉擇。當時想休息一陣子，又想再入關，可是也想回台灣看看家人。有選擇障礙的我，在三者之間，躊躇莫決，舉棋不定。當然，我沒有太大的苦惱，因為有安江長老可以請示。

有障礙！

趁著出關的空檔，我飛快跑去找長老，一屁股坐在床上後，「安江！」我說：「您覺得我應該繼續閉關好，還是下山在寺院跟喇嘛一起參加法會，或者回台灣好啊？」

「不知道該怎麼辦啊？」長老慈祥地說：「我們可以『摩』看看。來，來，來看看繼續閉關的結果如何～」

長老隨手拿起第二世宗薩欽哲仁波切的佛母[1]所贈的黑檀念珠，轉了兩圈、數了三次說：「嗯……有障礙！」

「是喔？」我問：「那如果在山下參加寺院法會呢？」

「嗯，如果出關參加法會的話～」長老又拿起黑檀念珠，邊轉圈邊說：「結果如何？結果如何？」數了三次，長老說：「嗯……有障礙！」

「這樣也有障礙啊?!」我驚詫地說。

閉關期間，因為必須每天在同一個位置重複一樣的課程，所以可能在身體與心理上會有些不舒適，甚至修得好的人，還會有魔考。把這些叫做障礙，我可以理解，可是都出關了，還會有什麼障礙啊？我有些不解。

「如果我放個長假回台灣休息，看看家人呢？」我問。

安江稍微凝視了我，似乎有話要說，隨即又閉眼將黑檀念珠轉了兩圈，邊轉邊說：「嗯……如果多傑仁卿回去台灣，結果如何？結果如何？」數了三次之後，長老看著我說：「還是有障礙！」

1 佛母：心的本質是沒有汙垢的，遠離污垢的清淨本性，是一切法的泉源，萬法都是由此清淨無垢當中所生。如同女人生子，皆以女性為母一般，諸佛、菩薩、緣覺、羅漢諸眾皆因契入此清淨無垢本性（亦稱般若波羅蜜多、空性）而生，因此在密宗把空性稱之為佛母，意即諸佛之母。

「蛤？怎麼會這樣！」心中一片茫然，能做的就這三種選擇，既然不管怎麼樣都會有障礙，還是回去台灣吧，探望父母和親朋好友也好，反正探親後，再回來寺院就好了！

向長老稟明了這樣的想法。

「你真的要回去嗎？」長老問我。

「是啊！回去看一看爸媽，反正卦象看起來做什麼都躲不掉了，我還是回台灣一趟好了。」我說。

「喔呀！」安江說：「這下我們倆見不到面了！」

「為什麼呀？我們為什麼會見不到面了？」我納悶道。

「因為我要回老家去了！」安江說。

等我回來再圓寂

打從一九八六年十一月到了寺院，認識了安江長老之後，說他老人家是為了提醒我無常也好，或是隨口說說也好，總之，總是把要死了、要回老家了、死後會下地獄去等等這些話掛在嘴邊，所以聽到諸如此類的話，我並沒有十分的當真，總覺得只是玩笑話。

「說了十幾年，還不是好好地活著？又沒死！」我曾經這樣跟長老反應過。

「我死了，你比較開心嗎?!」長老反問過我。

「呃……沒有啦！」

這一次，我自然也不當一回事，我笑著說：「嘿！嘿！安江，您又來了！」可是沒想到，這次長老連連搖著頭，忽地沉了臉，肅容說道：「我這次沒跟你開玩笑，我真的要回老家了，我們之後見不到面了！」

除非是給予教法的引導，否則安江長老極少會有這麼嚴肅的表情，我意識到事態的嚴重性了，帶著哀求的語氣：「您可以不要那麼快圓寂嗎？」我說：「至少等我回來嘛！」

「你要回去多久？」長老問我。

寺廟距離新德里機場超過十個小時的車程，加上顛簸崎嶇的路面，每次往返旅程真的是痛苦的折磨，所以基本上到了台灣，並不會那麼早想返回印度；回到了寺廟，也不會那麼快地想再回台灣。

「快則半年，慢則一年吧！」我回答。

「看來，我們見不到面了！」長老說。

「不會啦！安江，您又無病無痛的，怎麼會見不到面呢！」我撒嬌說：「而且你不是說最疼我嗎？怎麼可以沒有見到面，就自己先離開呢！」

安江略微沉默了一下，說：「好，我就等你一年！」

我很開心地抱住長老，親了一下他的臉頰：「安江，這是您說的喔！一定要等我回來！」

長老點點頭。

回到自己的寮房後，越想越覺得難過，想著之前師徒二人相處的種種，不禁淚流滿面。不行！如果安江只能再住世一年，我又何必非趕著在今年回去呢？

隔天一早，我急匆匆跑去見安江，我說：「我不回去了，明年再說吧！」

安江摸著我的頭，慈愛地說：「不需要這樣，你有自己的父母、家人，回去看他們是應該的，這輩子就一個爸爸一個媽媽而已，假如我的爸媽還在世，我也會去探望他們的，去吧！但是，切記莫為人師！」

為父親臨終導引

懷著忐忑不安的心情回到了台灣，記得回到台灣的第三個月，還收到長老的一封信，簡單的幾句話，叮囑我保重身體，注意言行。

回台將近半年的時候，我想也應該要回寺院了，雖然長老說好等我一年，可是還是早點回去為妙，畢竟世事難料。但就在我打算要回印度，家父突然生了一場病，雖然不至於太嚴重，但是要離開也不甚放心，因為媽媽、姊姊都要上班，有時老爸去醫院檢查，沒有人陪伴也是不妥，只得繼續留下來了。還好當時日卓喇嘛也在，感謝他幫了許多忙。

爸媽相差八歲，他們感情很好。不過，這種人世間的小情小愛，對於修行的瑜伽士而言，完全沒有意義。我曾經對安江形容過爸媽之間的相處模式，說爸爸很疼愛媽媽，他聽了之後說：「與其說是疼愛，其實不就是貪愛嗎?!」

後來，老爸的病情日趨嚴重，在生病的半年裡，我看到了恩愛夫妻之間互動照應的真情，但是實際情況果真如祖師所說：「重疾纏身時，再愛你的親人也是一籌莫展，無法代受病痛，所有的一切只能自己承擔。」

如同《入行論》所云：「自身躺於病榻時，諸多親友雖圍繞，所有斷命之感受，唯我一人獨承擔，閻羅使者若拘提，親人何助友何助？彼時救助唯福德，然彼卻是我未依。」這又讓我看到了教言的真實不欺。

爸爸臨終前兩天，在病房內，以簡單的字句問我，在臨終時應當如何面對。當時第一個念頭是：「時間真的到了嗎?!」雖然心裡不願接受，但還是強忍著眼淚把自己所知道的大聲地告訴了他，我不確定爸爸是否聽懂，只見他平靜地點了點頭。

當然，從老爸生病開始，我就不斷致電請 康祖法王與諸位瑜伽士幫忙修法祈福；為了讓他能夠早點痊癒，也是為了死亡時能不墮惡趣往生淨土，我們甚至讓他前後服用了五顆彩虹丸與其他加持丸。後來，爸爸過世時，適逢 德頌仁波切在台南弘法，我請他前來為爸爸誦經迴向，感恩 仁波切慈悲應允，慎重地舉行儀式。

彩虹丸的祕密

「彩虹丸」是竹巴噶舉特有的加持丸，在斷氣前若能吞服，業障深重者可以免墮惡道，再次獲得修持佛法的清淨人身；業障輕微者，則可直接往生淨土，不受輪迴生死牽絆。

關於「彩虹丸」的由來眾說紛紜，在台灣有甚為神奇的誇張傳聞。根據安江長老所說，其來歷如下：「此丸只有歷世的竹巴法王可以製作，其原料來源是勝樂金剛的聖地——匝惹雪山——被彩虹籠罩著的青草，但是此草並非隨手可摘隨處可得，即使是竹巴法王也必須在入山前，先圓滿百次的空行薈供，一心虔誠入山，方可尋得。萬一遍尋不著，必須再返回山口，重修百遍薈供直到尋獲為止。」

現今竹巴派的各大寺廟所流通的，大都是以第四世的竹巴法王 貝瑪嘎波當時所製作的藥丸一再炮製而成，可以稱為子藥丸吧！不過雖是子藥丸，其功效完全等同母藥丸，這也是密咒的殊勝之處。

爸爸過世後，看起來容貌安詳，面帶微笑，就像睡著了一樣。那時，寺院剛好正在舉行大法會，我請日卓喇嘛幫我打電話通知寺院也幫忙誦經迴向，掛了電話之後，他一臉狐疑地說：「奇怪，事業金剛告訴我說，他稟告正在法會中的安江長老說多傑仁卿的爸爸過世了，安江竟然說：『太好了！』」

其實，我也不知道是什麼意思，但我想長老會這樣說，一定有他的用意。不過，幾年後，我終於想通了。當時，卦象所說不管做什麼都有障礙的意思，那是指家父的離世，因為不管去哪兒、做什麼都是無法避免的！事後回想起來，還好長老當初贊成我回台探親，否則可能兩邊都會撲空。

後來，日卓喇嘛先回印度時，也將家父所有的骨灰帶回了寺院，一直到七七四十九天圓滿之前，都放在安江長老的關房內，由長老每天為他修持《修骨法》來超度，後來做成幾百個小佛塔，放在墳林的塔中，接受聖地的加持。現在回想起來，家父的福報真的很大。

最後的擁抱

花了近兩個月的時間處理好爸爸的後事，算算在台灣已待了一年又兩個月，連忙速返印度。心中惦記著與安江早已逾期的一年之約，當日卓喇嘛來德里機場接我時，迎面第一句話，我就問他：「安江還好嗎？」他說：「還好啊，只是有點虛弱而已！」那就好，原來當時長老只是跟我說笑而已！

如同前述，單趟的車程，山高路遙顛簸了十幾個小時，傍晚從德里搭車出發，抵達寺院已是早上八點左右，倦乏到很想小憩片刻。躺在床上正要入睡時，聽到一陣急促的腳步聲走上了樓梯，進門來的是日卓喇嘛，他跟我說：「安江叫你上去！」

我說：「我睡一下再上去。」

「不行！安江要你即刻上去！」他強調：「他看起來有點急，還說：『是怎麼了？回來也不知道趕快來看我！快叫他上來！』」

聽起來似乎有點急迫，有種上去會挨罵的感覺，可是，「什麼禮物也沒準備，空手去不太好吧？」

「沒關係啦，趕快走了！」日卓催促著我。

沿著熟悉的山徑走去，到了長老的關房門口，看到雷殿大師兄坐在房內的椅子上，正在跟安江說話。我靜靜走進屋內，才剛在我常坐的床沿坐定，原本半躺著的安江，馬上起身緊緊地一把抱住我，說了我永遠也忘不了的話：「我在死前能夠再看到你，你也在死前能夠再看到我，我們倆能這樣太好了，真是歡喜！」

坦白說，和長老相處了那麼多年，這是我第一次看到他略顯激動的言行，平日裡，他總是鬆坦悠然的。如今回想，這就是他對我的告別，但是當下的我並沒意會到，只想著：「安江您看起來還好啊！為什麼要說這些呢？」然後，他解釋了為何當時聽聞家父過世他會說「太好了」的原因：「因為有個出家的兒子在旁協助往生料理後事，這不是太好了嗎?!」他說：「我可不是幸災樂禍喔！」

我點點頭，心中想著：「沒關係，不管您怎麼說，我都知道是為我好的啊！」

安江又問我：「在台灣這一年過得如何啊？」

換我開始滔滔不絕地講述這一年又兩個月所發生的事情，安江慈愛的容顏含笑地聽著，我覺得他的精神很不錯啊～

到了修行人的關鍵時刻

隔天一早，我推門進去，安江已經醒了，但是沒有起身，還躺在床上。他看到我進門，聲音較平常更宏亮地說了一句：「要事事謹慎而行啊！」說完後，剛好日卓進來，他就沒有再說話了。之後一直到八天後圓寂前，安江沒有再開口了！

第三天一早，我走入他的房內，坐在十幾年來，習慣坐的床沿，俯身右傾，輕聲地問候長老：「安江，您現在覺得怎麼樣啊？」躺在床上的他並不說話，只是微笑地點點頭，然後舉起他的右手豎起大拇指，表示很好！接著緩緩握住我的右手掌，輕輕地放在他的右臉頰上。

這時我望著長老，他用慈和的眼神笑著看我，在那短暫的三秒裡，感受到的是老人家的疼愛和憐惜。然後安江鬆開了我的手，右手揮了兩下，示意要我離開。如果在以前，定是賴著撒嬌不走，但在修行人最關鍵的此時此刻，我們唯一能做的就是放手、避免干擾！

從第四天開始直到第八天圓寂，每當我走入長老的房內，問候：「安江，您今天覺得怎麼樣啊？」他總是微笑地豎起大拇指表示很好，然後就會揮手示意我離開，再也不能像以前那樣任性地打擾了，我會默默地退出。

雖然不能再打擾，但我還是時不時從窗戶往內窺視。窗戶雖然緊閉，但其實從破舊的窗簾可將屋內情景一覽無遺，只見安江您半躺著直視前方的牆壁，似乎看見什麼淨相似地面帶微笑，一輩子的堅持住山修持，終於開花結果了。

長老臨終前的表現即如蓮花不沾淤泥一般，完全不被情感、恐懼所綑縛，確實安置自心於清晰明朗的悟境當中。臨終是修行人重要的時段，這是有多少修持就有多少把握的關鍵時刻了，在此時刻只能自己面對，再珍愛的人、事、物也幫不上忙，修行人面臨死亡的三種心態——上品欣然赴死、中品臨死無懼、下品死而無悔，我看到安江長老欣然赴死的瀟灑。

其實，長老並沒有生病，醫生們都查不出病因，只說大概是年邁衰弱而體力不支，所以也只能開些補藥。不過，長老拒絕服藥，您說：「吃這些有什麼用？拿彩虹丸來！」當時給您服下一顆彩虹丸。

終於，安江長老在一九九九年國曆一月二十七日凌晨一點左右，叫醒了照顧著您的日卓喇嘛，示意要喝杯水。日卓呈上牛奶，長老緩緩地飲了整杯，接著呼吸似乎開始有些急促。日卓喇嘛察覺長老可能快要示現圓寂了，急匆匆跑去叫醒隔壁的森多長老，然後趕緊再去請安諦長老來協助往生。等到眾人回到房內，只見安江長老已經以右手置於胸前、左手貼耳的手勢，面容安詳地入定了！

安江長老的舍利

安諦長老說：「要記得安住在實相上啊！」

已經虛弱無力到近乎無法出聲的安江長老慢慢地回說：「所謂……實不實相的……不就是……安住在……自心……上嗎？」

20 隱藏功德的七地菩薩

天亮之後，我照常上山探望安江長老——其實在凌晨，我已經被日卓喇嘛通知老人家不行了，但是我也不能做什麼，協助往生自有安諦長老與森多長老在旁。實際上，斷氣時，誰也幫不上什麼忙，無論過程痛苦與否，完全只能自己承擔。

安住在實相上而已

據師兄轉述，當時安諦長老趕到時，提醒安江長老莫要亂了心，於是有了以下的對話。

安諦長老說：「要記得安住在實相上啊！」

已經虛弱無力到近乎無法出聲的安江長老慢慢地回說：「所謂……實不實相的……不就是……安住在……自心……上嗎？」

「對！對！」安諦長老說：「就是那樣而已～」

當然對於一般臨終往生者而言，可以在旁唸誦佛號、心咒或《聞即解脫經》幫助往生，但是對於有修持的行者來說，讓其順勢入於涅槃才是關鍵所在，誦唸經咒反而會造成入定的障礙。無論誦唸經咒也好，引導往生也罷，旁人的協助也僅止於此而已，接下來的一切，無論是一般人或修行者，都只能自己面對，所不同的是前者驚慌或迷惘，後者則是坦然自在，欣然前往。

默默地走進長老的關房，習慣性地往右看去，映入眼簾的，已不是我所熟悉厚敦敦的笑臉迎人或是露出慈愛眼神的安江，而是已經契入母子光明相會而入於甚深「意誓」定中的聖者。看著表情安詳卻又略顯嚴肅的長老，心中悲欣交集——悲傷的是，永遠失去了指引自己的長者，再也不存在這麼疼愛我的人了；欣喜的是，一直向我強調死後不會入定、完全不清楚怎麼契入心性的安江，正處於實相光明中，於法身狀態中成佛了！

母子光明相會

母子光明相會的含義，簡單來說就是：一個修行者在接受了自己上師的心性引導後，得以極短暫的窺見本初心性，如同一直以來只得食用黃蓮的人，突然得嘗蜂蜜一般，知道了如何契入而保任心性，時時刻刻地保任護持，讓悟境增長堅固。

在斷氣後，臨終中陰的階段，經歷了外息已斷（醫學上判定已死亡），而內息尚存時的明、增、得三相（階段）後，分屬於貪、瞋、癡三毒的八十條脈依序瓦解，藉此，長久以來被三毒綑縛的佛性或說如來藏，將於第四階段的大光明顯現出來，此時顯現出來的光明其實就是生前所保任的悟境（或稱空性、佛性或如來藏），僅是因為相對於生前一直保任護持的悟境（子光明），將其稱為母光明。

母光明其實就是生前悟境的全然顯現，生前已經有著空性悟境經驗的行者，在中陰此刻認出了全然的佛性，如同他鄉遇故知般，明瞭這就是生前所觀的空性而直接契入，就像孩子投入母親的懷抱，完全證得法身，在密乘的術語就稱之為「母子光明相會」。

達到這樣的程度與自性光明合而為一，之後就不會也不需要文武百尊的示現，更不會有在那之後的中陰種種恐怖的迷亂相。

回到在長老房內的情景。站在床邊，心中完全放空地看著安江入定的姿勢，突然念頭一閃，想著：「為什麼要以右手置於胸前、左手貼耳的手勢入定呢？這有什麼特別含義嗎？」

還來不及多做思惟，裙角被拉了一下，回頭一看，原來從天未破曉，就已經一直坐在地板墊子上打坐的師兄圖托尼瑪示意我也坐下，坐在他旁邊後，他輕聲地告訴我：「在這樣入定的特別時刻，如果我們也能在周圍一樣修定，不但功德極大，也能有助於安江長老的『意誓』定，坐著吧～」

就這樣，我們兩人陪著長老一起盤坐著，昔日一些片段燦影如微風拂面，想起父子二人的對話，讓我幾乎無法安住。

生前死後功德名聲如幻

「安江，如果有一天您走了，我該怎麼辦？」我問。

「走了就走了，還能怎麼辦?!」

「可是我會想您啊！」我略為憂惱地說。

「人沒有不會死的，不必多想！」安江說：「你只要記得好好修持，莫為人師就好了！」

有一次，我問說：「安江，您圓寂後，會有『意誓』定嗎？」

「那是什麼玩意兒？」正在裝藏的安江連連搖手說：「沒有那種東西，死後馬上把屍體抬去墳場燒掉！」

「可是……」我繼續問：「像您閉了一輩子的關，如果過世後完全沒有入定，是會丟咱們潛修中心的臉的！」

看著沉默不語的安江長老，我繼續探詢：「您不會只是嘴巴上說沒有『意誓』定吧？萬一實際上入了定，那不就讓大家都知道安江是有禪修功夫的?!」

安江把手一揮，毫不在乎地說：「那個時候什麼都沒了，知道嗎?!」長老繼續說：「死了之後，旁人說什麼都無所謂了！」

原來這就是瑜伽士們的修行態度——生前一切的功德都要隱藏，死後眾口如何讚頌，跟自己都沒關聯了！

還有一次，安江突然望著我，憂心忡忡地說：「唉呀呀！我的人生已經走到了山頂，已經圓滿了，再也不必擔憂了，但你還年輕，往後日子還長，誰知道以後會變成什麼樣子呢?!」

「如果真的怎麼樣了，」當時的我滿不在乎的回說：「那您來救我就好了啊！」

「我怎麼救？」安江凝視著我，語重心長地說：「下地獄是你自找的，當人上師、騙人錢財，信財障蔽深重，要救也難！況且我自己也會在地獄裡……」

「那該不會是……」頓時想到漫畫的情節，假設地說：「我在地獄裡哭喊：『安江，救命！』期望您從淨土來救拔，不料卻從我身旁傳來您的聲音，回過頭來，悠悠地說：『在叫什麼，你也總算來了嗎？』」

本來端容的長老，聽到我這般無厘頭的回應，也笑了出來，說：「是喔！是這樣喔?!」

這些回憶在當下不斷地浮現，奇怪的是，當時我哭不出來，也沒有什麼悲傷的感覺。思念的情緒，在多年之後，才漸漸地如泉水般不間斷地湧現，排解思念的方式，只能不斷地憶念祈請。

虹身成就

兩天後，安江長老出定了，肢體柔軟毫無異味，示寂所穿的衣服、躺臥的床上皆是潔淨而沒有任何穢物。聖體被裝入刻意裝飾過的木箱（長六十公分X寬六十公分X高九十公分）後，移靈到我們平常練拳的大房子裡。瑜伽士們在聖體前擺設供品，由於長老生前持誦過一千多萬遍的百字明咒，所以寺院每天都為長老舉辦金剛薩埵的超薦法會，但這不是要超度長老，而是一方面以法作供養，另一方面也是讓曾與安江長老結緣的眾生，皆得往生淨土。

七天後，即將舉行荼毘大典，在幾天前，寺院已經決定要留下安江長老的頭蓋骨與頭髮做為聖物。打開木箱時，愕然發現聖體縮小了，這是僧眾首次看到有著縮小瑞相的虹身聖體，大家驚歎不已，只有曲嘉仁波切認為想當然爾，甚至還預告：「之後會更精采！」早在聖體供奉期間，仁波切就一再提醒瑜伽士們要小心處理後事，因為安江他是一位成就者，不是表面看到的那樣而已！

僧眾以隆重儀式將聖體迎至墳場，沿途所有僧俗藏人都來獻哈達表示敬意。寺院全體瑜伽士、喇嘛、阿尼都聚集一處，舉行了荼毘典禮。

七地菩薩的瑞相

荼毘時，舌頭、心臟皆自柴堆裡滾落下來，當時，喇嘛們以為是食子掉出來，又以鉗子夾起丟入火堆中，但沒多久又滾出來，就這樣接連兩三次，後來仔細一看，才發現是舌頭和心臟。在火化後，舍利多到撿不完，每個喇嘛在灰燼裡總能找到一顆至十多顆，甚至據喇嘛們說，在荼毘時，白煙所飄過之處，還真的可以撿到舍利子。

舍利有黑、白、紅三色，黑色是髮舍利、白色是骨舍利、紅色是血舍利，最稀有的是海螺形的舍利，在放大鏡下看，造形生動，唯妙唯肖，沒有幾個人預料到謙抑居下的安江會有這樣的成就。

竹巴噶舉派的祖師，果倉巴尊者在其《教言集》裡面提到過，能夠燒出海螺舍利的瑞相者，是已經證得七地菩薩[1]的象徵！

德頌仁波切當時讚歎不已地說：「安江就是一位隱藏（功德）瑜伽士！」

後應信徒之請，將安江的骨灰製成小佛塔（也就是擦擦），讓信徒得以結緣積福。潛修中心也建塔供奉靈骨，另以小銅塔安置心、舌、眼（後來在骨灰中找到），供眾人膜拜祈請。

---

1 七地菩薩：又名遠行地。此地菩薩所行之道乃唯一之路，已至道之極端，又因自此度眾事業任重道遠，故名「遠行地」。以供養三寶、度化有情、迴向菩提等三因成就廣大善根，故非聲聞緣覺，乃至下地菩薩堪與比奪，能於一剎那、一頃刻間契入萬萬億三昧。

當然，舍利子雖然殊勝，卻並不很罕有，歷來漢、藏高僧大德都曾留過，眾所皆知。學佛的人，只要生前能持淨戒，明點不漏，且發下菩提心而修行六度者就能燒得出，也已不足為奇了。

曾為過去七佛的譯經師，中國四大譯經家之一的鳩摩羅什，也是火化後舌頭不爛。可是能夠心、舌、眼火化不爛，並擁有海螺舍利的事蹟，就鮮有見聞了。

為什麼曲嘉仁波切可以預知安江長老會是那麼地殊勝？這是我當時心中一個很大的疑問，而且仁波切每次上山來找安江時，所表現出來的，就像一個小孩子看到喜歡的人一樣，會開心地抓著長老的手，一下子碰臉頰，一下子又放在頭上祈求加持，完全沒有望之儼然的威儀。

看到曲嘉仁波切對安江那麼恭敬的舉動，我真的有點嚇到，畢竟他也是一寺之主，而且更是第一世康祖法王的三大弟子的轉世祖古之一，安江只是僧人啊！等仁波切離開之後，我又坐回床上，納悶地問說：「安江啊！為什麼曲嘉仁波切會對您那麼恭敬啊？」

「因為他知道我很尊貴啊！」長老半認真地笑著對我挑眉說：「哪像你對我這樣沒大沒小的～」

「是喔……」

當時自己年紀還小，除了敢在安江長老面前放肆之外，見到像 德頌仁波切、曲嘉仁波切這樣的大上師時，整個人會僵住，窘迫地什麼都不敢問。始自一九八六年到了寺院，三十年過去了，二〇一六年時，我終於有機會請示了，仁波切說：「我之所以對瑜伽士們有信心，不是因為他們長年閉關，也不是因為他們年高德劭，更不是因為他們修證高深，那麼有信心，是因為他們對上師的無上勝解心！」又說：「安江長老也是我的上師，他說的話利益了我的心，在我的心中，他是我的上師！」

我們從未分離

雖然安江圓寂已逾二十年，對其感念未曾因時光流逝而被沖淡，每每想到老人家在在處處的誨諭與愛護，總會熱淚盈眶，他是讓我在佛法與世法上都獲得滿足的上師長者。

措尼仁波切說：「僅與瑜伽士們共處一室而呼吸，亦能獲得大加持。」縱使安江色身已逝，然而其明空不二的本智法身，卻從未有所損減且無所不在，當我憶念、祈請祖師時，他也以無所偏袒的大悲照護著我，只要能安住在本即清澈、離思的覺性中，與安江是從未分離的。我確信即如凌卿惹巴尊者所祈請般：「具足遍智五本智，能護有情大寶尊，吾從心性之中虔祈請，尊自法性界中賜加持，心本即無生極清澈，證悟離思法身祈加持。」

在此，將入印求法十七年間的吉光鳳羽，於記憶中尚得殘留的部分，提筆為文結集成冊與有緣人分享，除了是為免日久遺忘往昔的笑影咒音、慈愛容顏，也是為了讓眾人更加明瞭修行者真實的日常生活，不因誤解密法而自斷解脫善緣。

我雖拙劣不才，卻有幸自年少即值遇大修行者，且蒙眷顧指導。願輸誠分享如此殊勝的歷程，更祈願以散播瑜伽士實修宗風而累積之善根，成為引領我等諸眾共同速證大手印果位，圓滿無上菩提之因。

後記

憶念安江長老的內容，到此告一段落，也算是圓滿了對上師老人家的感懷思念。感謝大家從第一篇開始就陪我一起同享十多年的往事，不論內容有趣或乏味，經歷的一切是平淡抑或荒謬，閱讀之後，一笑帶過或是有所啟發，一切都是真實發生過的經歷，也是深藏在我心中的回憶。原本還顧慮寫出這些，不知是否會因過於直白，破壞僧人形象，但又覺得這些經歷隨著歲月而灰飛煙滅實在可惜！

猶豫不決間，請示了曲嘉仁波切，仁波切鼓勵我寫出來：「不然，這麼珍貴的往事將永被埋沒，不為人知，太可惜了！」

「可是，只是安江和我之間的家常對話而已，恐怕不能對眾人有所利益！」我說。

「不會的！」曲嘉仁波切說：「安江的話語就是真實語，是有力量的，極為珍貴的！」

是的，非常珍貴！而且這些再也不會發生了！

人身難得，正法難聞，明師難遇，讓我們虔誠地唸誦龍樹菩薩的願文，為自他慎重至誠發願：

落輪迴時一切生處中，縱於直至未得法忍前，
任何時中莫生三惡趣，願得生於善趣之人身，
縱得生於善趣之人身，莫生造罪之王及彼臣，
莫生斷首剪舌將軍身，謀利搗蔴賣酒與女賊，
僕從暨女人身切莫生，統御於諸比丘之領主，
上座執事者與內律者，監院除穢者與置誓者，
諸種執事士夫切莫生，邊地蠻族士夫諸境地，
具足癡啞瞎聾嫉妒眾，外道邪見僕從諸種姓，
莫生低劣種姓屠夫身，證得菩提之前我恆常，
身體肢分豐腴無缺陷，諸根具足高種敬戴處，
願得生於行持正法身，縱得生於行持正法身，
於幼出家戒律得具足，壽命無有疾病與障礙，
出生當下願得值遇法，縱得出生當下值遇法，
以聞思修習明覺續已，六識令不散亂於外境，

心於定得自在專注已，一切三界無餘有情之，
無量諸義願我予成辦。

最後亦祈願自他直至成佛之前：「諸生世中與善妙上師，無分離且受用法祥德，十地五道功德圓滿已，願速得證金剛持果位。」

附錄

01 帕摩主巴（一一一〇～一一七〇）

帕摩主巴又名金剛王，也稱為塔桊巴。在蓮師的授記中：「勝樂金剛化現金剛王」；祖師己亦曾言：「往昔曾為拘留孫佛尊，現今本身則為釋迦王，未來將成不動藥王佛。」

帕摩主巴曾經遍學諸派教義，且依止薩迦貢噶寧波為師，將所學付諸實修，蒙受貢師印可，已得見道證量。

四十二歲時，值遇岡波巴，經過多日的對談，在某次對話中，岡波巴邊吃糌粑糰邊詢問：「你有何等驗相？」帕摩主巴稟以過去生起見道本智的過程。

「你認為那是見道嗎？」岡波巴大師問。

帕摩主巴配合《道果金剛偈頌》的見道指引而稟告，證明確實無誤。

「哎呀！你真認定那就是見道嗎？」

帕摩主巴再佐以薩迦貢師的見道印可，以及所有經、續、口訣實修者，皆給予成就印可的解釋。岡波巴大師說：「你的良好見道，還不如我手中的這塊糌粑糰。」驟聞此語，帕摩主巴深覺灰心。

「這樣吧！」岡波巴大師說：「你先往東邊山坡去散散心，之後再敘。」帕摩主巴依言前往坐而觀修。

當下，往昔看似良好的見道證相竟全然消失，心如持矛環繞虛空，毫無窒礙，不覺隨口多次說出：「過去那些上師們是怎麼了啊？」而後默然而坐。

隨後回來謁見岡波巴大師時，尚未開口，岡波巴即說：「所謂的見道即是如此，我也無可展示較此更勝者。」從此獲得上師所有的口訣，成為心子。蒙獲岡波巴的讚譽說：「師徒二人的證量毫無差別。」

此後攝受弟子時，廣現神通，善巧方便，度眾無量。曾於夜晚一座中，同時於各地顯現十二身變，調伏人與非人。證得成就的弟子眾多，由此再廣傳出八大支派。

02 岡波巴（一〇七九～一一五三）

又名達波仁波切或醫生比丘，為密勒日巴「如日」般的心子。

本身是蒙受薄伽梵牟尼敕封為精要教法寶之弘揚者的善妙勝士。過去世為牟尼教主眷屬中的月光童子菩薩，曾在佛前立誓，願於五濁惡世時弘揚釋迦正法。《三昧王經》：「未來大恐怖時，月光童子恆常住於梵行、廣弘善妙三昧、打開善逝法藏、將有不少於五百位眷屬，最後以勝者無垢光名號而成佛。」──《涅槃經》：「教主涅槃後，在北方將有名喚醫生比丘出現。」

遇見密勒尊者前，曾有家室，後因厭棄輪迴而出家。在多位博學格西的引導下，不但精通佛學著作、講學、辯論，並且在實修上有一定程度良好覺受。在宿世善緣的感召下，依止了密勒尊者。在上師的加持下，秉持信心精進的修持，於一年多的時間內，生起氣、脈、明點種種殊勝的驗相，通達五道十地的功德。

岡波巴大師廣為弘傳由密勒尊者處，所領受的「大手印」及「那洛六法」等教法，他的徒弟人才輩出，除了大師的主座傳承之外，復傳出四大派──噶瑪噶舉、帕竹噶舉、跋絨噶舉及察巴噶舉。岡波巴大師因此被認為是噶舉派在康藏廣為流傳的關鍵人物，被稱為「噶舉諸派的頂嚴」

03 盜火大神

在許久之前，此神從紅色銅蛋中生出，父名天之阿歇，母名羅剎地母。傳承父母的神威，出生時全身通紅，留著血色髮辮，長大後極為兇狠威猛，能駕馭且奪取一切眾生性命。為免眾生受苦，大聖觀音現為馬頭威權明王之身，將其降伏置於誓言，而後經蓮花生大士置於普巴金剛壇城成為護法。後再依序經過竹巴噶舉上師勇真貢噶倫竹等置於誓言。目前在尊奉竹巴噶舉為國教的不丹，是為皇室供奉之大護法神，亦是歷代康祖法王的特別不共護法神之一。因為此神悲天憫人，性喜濟弱扶傾，曾經立誓對於身處困境與弱勢者，定會迅速給予援助，康巴噶寺的僧人、瑜伽士們，皆供讚此神做為終生護法。

04 馬爾巴譯師（一〇一二～一〇九七）

在那洛巴眾位弟子當中，圓滿付予密咒金剛乘法之權位，敕封為西藏雪域國境之調伏者，即是大領主馬爾巴譯師曲吉洛竹，他是印度大成就者鍾碧嘿汝嘎的化身，亦是西藏著名的大譯師。

馬爾巴幼年曾追隨卓彌大譯師，受其法教並學習梵文，於一生中曾三次歷盡艱辛前往印度求法。馬爾巴共有一〇八位上師，其中尊奉那洛巴尊者與梅紀巴大師為根本上師，所有深奧竅訣普皆瞭然於心而斷諸疑惑，被廣譽為所有來至印度的西藏譯師當中，竅訣最為深廣且是說雙語者之至尊，「成就者馬爾巴」的美名，名聞遐邇。

後來，奉那洛巴敕命成為替代上師在西藏的傳承傳播者，將空行母法教與「那洛六法」帶回西藏。馬爾巴譯出眾多法教，尤其是「大手印」與金剛乘之密續。西藏所有密咒之精要，皆可追溯到譯師尊者，故對藏地有著極大恩惠。

已得神通自在，常顯現種種神變，顯現自身為喜金剛，佛母成為無我母，其他人轉為八天女，偕同無量勇父空行，獻出稀有供養輪。雖證佛位，依然顯現十地菩薩相。八十六歲時，將佛母達梅瑪化為光蘊融入心間。認為行至他方淨土以及遺留聖體能予眾生更大利益，因此，從頭頂偕同光芒，由上師、本尊、空行諸眾，以寶傘、寶蓋、鐃鈸樂音之供養雲一同消逝矣。

馬爾巴擁有被稱為「四大柱」的四位弟子：梅、鄂、措、密勒日巴，與馬爾果勒導師等多位證得成就的弟子。其中最著名的弟子者是密勒日巴尊者，師徒間的情誼與密勒尊者對上師的信心，成為日後學密者承事上師的典範。

05 果倉巴（一一八九～一二五八）

法號怙主金剛，自幼勤奮向學，精通《道次第》、《中觀論》等論著。曾三次往拉薩朝聖，亦至印度朝聖，唯發能善修佛法之願。

拜臧巴甲惹尊者為上師，廣學密法，亦從多位上師座前獲得眾多灌頂、引導。後廣至山林洞穴專志潛修多年，在一處禿鷹居住的洞穴中，立下鷹、洞、人三者名號未合一之前，絕不離開的誓言，「果倉巴」即是「鷹巢者」之義。

親見諸多本尊天眾而得殊勝悉地，證得真如空性，弘揚竹巴派的法教，攝受多位弟子得證悉地。晚年廣建實修道場，因為地域之別，由果倉巴所傳出的法嗣，稱為「上竹巴」。

06 貝瑪嘎波（一五二七～一五九二）

法號：語自在摩尼，是觀音菩薩的化身。出生即有種種瑞相，且能口誦「法性清淨咒」、「六字明咒」，彼時透過護法神指示，確認為那洛巴尊者的轉世。自小即具足相好勝妙端嚴，觀無饜足，且能徹知過去、現在、未來三時，辯才無礙而令眾人信服。

十一歲拜語自在法尊為主之當代多位大師，廣學竹巴暨各派法教而成佛學泰斗，徹證法性實義，明瞭萬象動靜皆不出大手印本質，天龍八部悉皆虔誠皈命，獻出心根，作為僕從，守衛教法、眾生。

自十九歲至六十六歲圓寂為止，完全隨順眾生所需給予文化、佛學、別解脫戒、菩薩戒、灌頂、引導、續部、口訣之講解，將無量眾生安置於成熟、解脫之殊勝果位中，祖師曾言：「在此藏域，再無任何人，能比我以舌講法來得更多者！」

荼毘後，眼睛、舌頭、心臟火燒不壞，燒出的舍利中，有二臂、多臂勝樂金剛等無量天尊的形狀。

07 淩卿惹巴（一一二八～一一八八）

是文殊菩薩的化身。值遇帕摩主巴之前，是位威力強大的咒士，也曾經以咒術報復怨敵。首次聽聞帕摩主巴名號時，即毛孔驚豎，心中不停想著即刻要到上師跟前而日夜兼程趕路。

四十一歲第一次謁見帕摩主巴時，就因對上師生起無可比擬的深摯信心，認定上師即佛，樹木鳥獸及眷屬皆其化身，此生再無所求！

當下，因為信心過強而將上師抱住且用力痛擊，當時旁邊的侍者們皆欲阻止，但是帕摩主巴勸阻說：「若能有這樣信心，有何不可？」

從帕摩主巴座前領受「大手印」法門後，立下閉關七年七月七天之誓願，但於第五天即破關而出，且隨處休酣睡臥。帕摩主巴知其所為後，為了彰顯心子的功德，聚集徒眾而於法座上，狀似責罵的質問：「你說立下七年七月七天之閉關誓願，怎麼五天就出關？」凌卿惹巴答：「尊所親說本初義，矚以觀兮予觀之，所觀能觀皆摧滅，修座座間亦無可執持矣！」上師極為喜悅的印可：「印度恆河彼岸，薩惹哈的證量高；印度恆河此岸，凌惹你的證量高。」

在上師圓寂後，凌卿惹巴開始廣為度眾，在桑耶寺時，曾夢見一位藍色空行母，置放一部大藏經匣在其舌尖而吞下，醒來後一切佛語瞭然於心。

因為對於經續無不通曉，遂開始著作釋論，但被某地的僧眾毀謗。凌卿惹巴來到彼地要求辯論，然而無人敢於應戰，此時凌惹心生傲慢，將經版綁於身體前後，騰至虛空而說：「我難道不是一部經書嗎？」此時釋迦牟尼佛現前：「凌惹巴切莫如是傲慢，我到最後亦如是。」接著顯現佛身示現涅槃的情況，凌惹的傲慢因此息滅。

某次住於山洞時，走進一位空行母說：「凌惹巴啊，不要待在那兒！」凌卿惹巴一走出來，山洞即刻崩塌。

於是凌卿惹巴即在其上搭蓋茅屋而住，彼時五部空行各自獻予本部頭冠置於其頂，敕封為金剛大持之攝政後，消失無蹤。

大瑜伽自在者凌卿惹巴，能隨眾生所願而隨意顯現本尊形象，眾人或見出現三眼、或見全身光芒圍繞、或見手持金瓶駕馭麒麟行走虛空。

總之，能於四種事業隨意自在，為利後學，著有《金剛語》、《道歌》暨《供養上師儀軌普生功德》以及《瑜伽母修持法門》等傳世。

08 **瑪哈嘎拉**

瑪哈嘎拉是梵文，譯為大黑天又稱本智怙主，是一切護法神之主尊，其部主是勝樂金剛。大自在天之第八子，被其父作為接受佛陀灌頂的供養而獻出，當佛陀舉行「勝樂金剛灌頂」時，賜予黑鴉名號，且說是為戰勝魔軍大法部並敕封為守護所有佛教者。

一面三眼四臂，面現極度怒容，抱持明妃紮至嘎。四臂當中，右邊第一隻手持著暗紅色的椰子果，表徵能降珍寶雨，令行者廣得受用成就；左邊第一隻手捧著滿盛四魔血液的非天頭顱，表徵以悲心降伏四魔，得菩提心自在；右邊第二隻手持著由殭屍之舌所鑄成的般若寶劍，表徵根除煩惱三毒；左邊第二隻手握著大自在天有著飄帶、小鼓之三叉天杖，表徵具足身、口、意三密與法、報、化三身的功德。

能於日夜偵查、巡視行者且加持行者的身口意，守護由風、膽、涎液所引起的一切疾病，守護由天、龍、夜叉、鬼王所引起的一切魔祟，守護噩夢、凶兆所屬的一切不順逆品違緣；增長壽命、福德、財富、名聲以及證量等等一切順緣。

09 **當巴桑傑（五四七～一一二八）**

伴隨多種稀有徵兆而生。六歲即通曉入海取寶所需之氣象學與星象學，且善巧於聲明暨文辭學。十二歲出家，依止龍樹、勝天菩薩之再傳弟子等，共五十五位精通佛學的成就者，從諸師前廣為聞思經律論三藏，毫無遺漏而臻究竟，受尊稱為大班智達。

親見諸多大成就者、空行母，蒙授多種續部，當巴曾言：「大海、虛空無邊，我所有的聽聞亦講說不盡。」此時度母授記：「善巧詞句非真善巧，應當善巧於實義！」前往烏金國觀修，卻未獲得成果，欲萌退意時，天空中出聲云：「汝之宿世天尊是文殊師利，若能觀修，將具足一切功德！」於是在山穴中專注祈求，經歷七天，獅子吼文殊親現莊嚴相好云：「此乃無顛倒密意。」而予明覺無垢體性之引導。

之後，專注觀修閉關二十四年，在聖救度母之開許下，著作多種能予息滅眾生苦痛之論典，又稱「能息」或「息苦法」。得證金剛持果位，壽命成就故，空行母眾授記得壽五百歲，且蒙度母延命八十二年，因此當巴桑傑共住世五百八十二歲。

出關後，開始將近六百年的種種不可思議之度眾事業，度化人與非人，不可勝數。曾至漢地一次，居住十二年弘法利生。一生曾至藏地五次，當巴桑傑嘗云：「我於此生蒞藏之首次，桑耶尚於藏王興建中，彼時稱我名號蓮花戒……」由此可知，當巴桑傑即是當時的蓮花戒大師。

因為面容姣好，色如蓮花，故而得名蓮花戒，然於唐卡所見的當巴桑傑卻是面容枯槁的老人，是因當時蓮花戒與一位印度老瑜伽士交情甚好，兩人常以「奪舍法」靈魂出竅遊玩，未料某次返回時，只剩老瑜伽士之軀殼——原來老瑜伽士垂涎蓮花戒之身體已久，某次提議再次出遊，卻使詐提前返回，趁機偷走了蓮花戒青春俊美的身體，等到蓮花戒神識歸來，雖驚愕悔恨萬分亦只得還魂，入此瑜伽士之軀殼，即成後來所見之樣貌。

曾與密勒日巴比試神通，二人平分秋色，旗鼓相當，傳為一段佳話。

後於藏地亭日地區弘法度眾，由於慈悲接引，如同慈父，又被尊稱為「帕當巴桑傑」，「帕」即是父親之義。

示現圓寂前，應當地信徒之請，於洞窟中變現一尊當巴石像，表示永不捨離信眾，據說有求必應，靈驗無比。

後於文革時，破除迷信的紅衛兵見無法摧毀此像，威脅當地村民，若不毀掉石像，必定屠殺全村，於是在全村跪地懇求當巴離去的哀求聲中，石像飄出一縷白煙後，在砲彈轟炸下，碎為塵土。

10 瑪姬拉準（一〇三一～一一二九）

有關的生卒年眾說紛紜。拉準是釋迦牟尼佛在《文殊根本續》中所授記，乃是本智空行母化為女性蒞臨人間，自幼出家，由於善於讀誦，在僧院長時諷誦《般若經》而純然生起空性的悟境。此後，謁見帕當巴，當巴桑傑：「尼姑，福田母啊！講說三句心裡話。」拉準以此獲得解脫。有鑑於自己因此而解脫，才出現了「一句心語解脫續」之說，承接帕當巴之「息苦法」，為發揚「母斷」施身法傳承之祖師，不但將《斷法》在康藏廣為宏揚，亦是唯一將佛法回傳至印度的藏地祖師。

總體而言，拉準乃是自在瑜伽母，故而一生中有著種種不可思議的解脫行傳，後於九十九歲時，示現圓寂，色身消融於法界。

11 金剛亥母

諸佛空性的功德所現，屬於五部空行中的佛部空行。就像文殊菩薩屬於智慧天尊，觀音菩薩屬於悲心天尊，綠度母屬於事業天尊般，亥母在天尊當中屬於加持的天尊，觀誦此尊能夠迅速獲得加持而證得佛果，是竹巴噶舉主修的本尊之一。

12 惹瓊巴（一〇八三～一一六一）

又名金剛稱。出生於後藏貢塘，長相俊美如天神，聰穎強記而喜佛法。十一歲時，遇到密勒日巴尊者後，生大信心而拜尊者為師，十五歲時，因母親、叔叔作障而罹患痲瘋病，雖蒙尊者賜予法要而修，卻未見起色，一人獨居觀修時，遇見梵僧指引前往印度尋求高僧瓦拉增扎治病，在師徒二人努力觀誦下，重症得以治癒。病癒回到西藏後，旋又再次前往印度，將口訣聽取無餘。

再回藏地後，復又隨侍密勒日巴尊者，獲得灌頂、引導，特別是觀修「合遷竅訣」，生起不可思議的暖樂而單著布衣，而被譽為「惹瓊巴」，意即「小布衣」。後依密勒尊者之命，三度前往印度。謁見帝普巴尊者，獲得「六等味法」、「無身空行母九法」。以神通前往烏金法身聖地瑪哈瑪帝的路上，以一個月的時間，在密勒尊者暗中加持下，通過外道洲、妓女洲、猛獸洲、毒蛇洲等險境，歷經毒水、石水、鉞刀水與火坑的考驗，且以迅足術以二十一天越過一般須走七個月的路徑。

在瑪哈瑪帝聖地的宮殿中，親見已圓寂的瓦拉增扎上師現金剛持相賜予萬法之究竟「佛聞儀軌」。因有障礙，只剩七天壽命，親蒙瑪姬拉準化現無量壽佛壇城賜予灌頂，惹瓊巴以七天捨棄睡眠專注觀誦後，瑪姬問：「你想活到幾歲？」惹瓊巴：「活到覺得死亦無所謂為止。」瑪姬：「藏人思惟高低不定，子與父（密勒日巴尊者）同壽即可。」授記活至七十八歲。

遍學所有口訣，即將返藏前，帝普巴尊者叮囑：「因你不懂聲明，法本恐無法正確譯成藏文，應於回程由空行母予以校正。」瑪姬更指示路上應攝受有緣者，暗示一般凡夫無法得見。即如帝普巴尊者所云，在尼泊爾遇到芭日瑪，由她將法要中的缺餘悉數校正。抵達藏地後，將所學完全獻予密勒尊者，尊者亦如金剛亥母所授記般，將「空行耳傳口訣」傳予惹瓊巴，並囑咐單傳十三代後，方可口傳。

惹瓊巴從帝普巴尊者座前求得「六等味法」時，帝普巴尊者告知：「此法尚未到弘揚時刻，須等到自你算起的三代後，才可以弘揚。」於是，惹瓊巴尊者將「六等味法」、《佛聞儀軌》作為伏藏，埋放在洛札·卡曲，囑咐瘋嘴護法神守護此伏藏。

後來示現飛翔天空、行走水上等種種神通，親見法性實諦，未經多時即證十地自在菩薩，長住於娘樓地區收徒傳法，後於七十八歲時（道歌中亦有八十八歲時，消逝於空行剎之說），在瑪姬與密勒尊者所共同認定，與柳葉城（金剛手菩薩淨土）無別的聖地——各胡倉洞窟，在勇父、空行的迎接簇擁下，不捨肉身消逝於空行剎土中。

由惹瓊巴所傳下的「空行耳傳口訣」，稱為「惹瓊耳傳」，後由嘉旺傑悉數承接，傳入竹巴嘎舉教法中。

13 金剛手菩薩

其實即是大勢至菩薩的忿怒相，在顯教是西方三聖，在密宗則與觀音、文殊合稱三種姓尊。在諸密續中，金剛手有單身、雙身，雙臂、四臂等多種不同的形相，較為常見者為一面二臂三目，身黑藍色，頭戴五顆骷髏頭冠，赤髮上揚，鬚眉如火，獠牙外露，捲舌怒吼，三眼怒目圓睜，具足身語意三密的九種舞姿，甚是恐怖而令人心生佈畏。

金剛手為統攝財寶天王（毗沙門）與五部財神等夜叉部眾之主尊，亦為星曜、象鼻財神、龍王、阿修羅諸部至尊，因此大力鬼神與財神幾乎皆是臣服聽命於金剛手菩薩。

14 具德天女

乃是金剛亥母所化現，又稱瑪哈嘎哩，是大自在天之女，也是瑪哈嘎拉之妹，別名亦稱煙炭女、護螺女或匝母智，能施放、收攝一切瘟疫，威力強大難言，即使帝釋亦臣服於其下，是三界主母，也是一切女護法之主尊，受釋迦牟尼佛降伏，已證十地菩薩果位，慈愛行者如護獨子，是馬爾巴譯師推崇的護法神。

15 帝普巴

據說即是馬爾巴的長子達爾瑪多德。當年達爾瑪多德因為得罪了惹譯師，在酒醉返家途中被惹譯師施放咒術所殺。馬爾巴悲痛之餘，將僅能單傳一人的「奪舍法」在達爾瑪多德尚未斷氣之前傳授予他，然因藏域不具修持此法的福緣，未能尋獲可用的屍體，達爾瑪多德只能暫入鴿子的屍體，後經馬爾巴入定觀察，指示鴿子飛往印度尋屍，果真於火葬場尋得即將火化的男童屍體，家屬只見鴿子飛來，停駐在屍體頭部旁，點頭三下即死去，男童隨即還陽。因為飛來的鴿子而復生，所以又被喚為帝普巴，帝普是當地「鴿子」之意。

16 瘋嘴

藏語「紐咯」，譯為瘋嘴，也稱大猛瘋嘴或龍魔居士。乃是普遍幻化大剎土洛札．卡曲的護方者，體性是文殊南嘎惹夏，也就是黑龍魔．帝巴惹匝。另一個名稱是瘋嘴妖，實際上就是大遍入天．羅睺羅為了守衛善品教法所現出的甚極忿怒之相。

始自蓮花生大士、奴．南克寧波等舊譯派的歷代祖師，為了挫殺黑龍魔的銳氣並讓祂立下誓言，皆將其降伏且命其立誓，守護教法與眾生。

惹瓊巴尊者將「六等味法」作為伏藏放在洛札．卡曲，伏藏的守護神正是瘋嘴。在名為菩提金剛藏之平原上的螺崖窟內，臧巴甲惹尊者以不動搖的金剛跏趺坐，以三年的時間入於金剛喻三昧而得證大手印殊勝成就時，居住於當地一座大黑湖裡的瘋嘴大護法神現出其身，表示臣服而要求作為護法神，甲惹尊者把金剛杵置於其頂，讓其飲下誓言水且寫下備忘錄放入其心中，敕封為瑜伽行者暨傳承持有者諸眷屬之戰神。

如影隨形保護行者，能夠賜予供讚者在息、增、懷、猛四種事業上的滿足；以猛厲之勢守護佛法，任何鬼魔僅是被其身上眾眼所視，重則死亡，輕則昏厥。同時因為屬於龍族，一旦因為造惡而惹怒此尊護法神，將會連續追殺九世，亦即世世皆得龍病，身體腫脹潰爛而亡，如果還有子嗣，據說也會連續懲罰七代子孫，若問為何如此，答案是：這就是龍族的特性。

在瘋嘴護法神的讚頌文裡，其中一段提到：「從黑山中動身起，具足蛙頭九血眼，散放蜘蛛蛇蛙蠍，飾以焰煙為身痣，知擒怨敵不知放，年妖地主為汝僕，今晚佈滿怨恨敵，今晚衝向施害魔！」其中的「知擒怨敵不知放」，指的就是一旦被瘋嘴護法神所擒，幾乎無放過之時。

17 臧巴甲惹（一一六一～一二一一）

臧巴甲惹尊者出生時，為一個肉團，被母親視為怪胎而丟棄。當舅舅前去尋找時，看到禿鷹正以利喙啄開肉團；靠近時，看到原來是一位威采煥發的嬰兒躺臥其中。

十二歲時出家，在二十二歲前已依止多位上師，二十三歲時，值遇大成就者凌卿惹巴，獲得多種寶貴教法。簡而言之，蒙受上師賜予惹瓊巴尊者與岡波巴大師兩種傳承所有的口訣。

特別是聽聞「那洛六法」的引導後，僅實修七天，即可身著布衣在隆冬閉關而修。獲得種種功德，諸如能混合內外氣、離奇神變、飛天、鑽地、無有障礙穿透懸崖、水不能淹、能將布衣懸空鋪在日光上、三昧的明空廣如澄澈虛空，而令能修所修完全息滅等，達到所謂「此即上師」的見解。

出關後秉告上師種種覺受，「真稀有！」凌卿惹巴尊者說：「密勒尊者也是出現相同的境界。」甲惹尊者秉告：「已達無有能修所修的境界。」上師慈愛地說：「孩子，這一切都僅是覺受。純正的證量從今起要五年後才會出現。」之後秉告上師想去洛扎修行的意願，凌卿惹巴授記說：「喜金剛的圓滿次第，證量道用的口訣「等味六事」法門，被惹瓊巴伏藏於洛扎的卡曲，雖然將由你取出，但還是在此先住幾年吧！」甲惹懇求上師指示細節，凌惹尊者明示了「等味」的目錄，八個月後，上師示現圓寂。

一年後，藏巴甲惹尊者帶領弟子一行七人前往洛扎居住三年，期間雖然糧食缺乏，生活困苦且體內四大不調，但尊者依然專注入定而修。三年之中，疾病日漸沉重，第三年甚至看到以瑪哈嘎拉為首的男女護法神諸眾，以種種兵器做出傷害；整個宇宙的天龍八部亦如軍隊般聚集圍繞，口中發出「殺之！打之！」之聲。有時親見山崩地裂，有時山搖地動等等，雖現種種境相，但尊者將障礙轉為道用，如高山巍巍然而安住，不斷憶念起上師凌卿惹巴，生起悲悽猛烈信心而祈請，親見上師現前為其摩頂加持，獲得大手印的證量如矛繞虛空，彼時了悟一切障礙皆為成就之前導，並收伏一切鬼魔令其立誓守衛教法。甲惹尊者說：「彼時護法成怨敵，今則魔亦成祥德。」在此地取出《等味六事》法門的伏藏，彼時尊者三十一歲。

尊者在那木一地建寺，破土時，九龍母子吼如雷鳴騰空而去，因此尊者決定將此寺稱為「竹」寺（即「龍寺」之意），他所領導的教派也因此被稱為「竹巴噶舉」。此即「竹巴噶舉」名稱的由來。

甲惹尊者五十一歲時在「竹」寺示現圓寂，伴隨種種稀有不可思議的徵兆前往現喜淨土。荼毘後留下眼、舌、心，頭顱上現出文殊、觀音、金剛手三菩薩像，廿一節脊椎骨現出廿一尊觀音像，以及無量的舍利子。甲惹尊者在西藏雪域廣轉法輪，他一生中弟子不計其數，其中有八萬八千名具有傑出成就，而有二萬八千名是證悟的瑜伽士。當尊者舉辦法會時，慕名從各地前來的信眾人數往往超越五萬人，果真應了祖師預言：「子兮！再傳更勝於徒弟，復傳等同於虛空。」

18 嘉旺傑（一四二八～一四七六）

法名為貢嘎巴久，是臧巴甲惹尊者生前自我授記的轉世化身，也曾蒙伏藏授記。自小即受父親廣傳所有竹巴法教，八歲即登法座，對大眾宣講《寶性論》。父親是臧巴甲惹尊者所授記的九獅、三姓法座繼承人之最後一位，觀音化身的慧賢祖師，在父親圓寂後，依止虛空瑜伽士為上師，奉師諭：「觀修以《觀修上師》為主；供養以《供養上師》為主；修持以『祈請』為主。」因此，僅憑「大手印引導」即顯現實相證量，亦即了悟「大手印」，此故嘉旺傑云：「在見地上，以息亂虛空瑜伽士（亦稱匝惹瓦尊者）的恩惠最大！」

當初，馬爾巴譯師曾對四大弟子中的大弟子俄曲固多傑授記，其法嗣可傳七代（而後另有傳人），嘉旺傑則如授記般，成為第八代傳人。由於嘉旺傑拖延許久方得前往與之會見，其時，第七代俄師言：「我一直等著您，終於可親自移交予法主了！」於是將法要悉數傳之，並言：「我將不久於世，勞請您作為我超薦法會之主法者。」後得所有七代祖師之法器，承接俄派法教入於竹巴傳承。

在經教上，依止拿仁班智達為師，完全遣除在經續上的關鍵疑惑，嘉旺傑云：「在經教上，以拿仁班智達的恩惠最大！」此後，不斷依止諸多善知識，且弘揚法教，確實利益無邊有情。

曾經親至拂塵洲謁見蓮師，獅面護剎護法神親於匝惹雪山現身迎接，親蒙岡波巴大師授予「大手印」口訣《俱生密庫論》而成諸法之主，親蒙金剛瑜伽母授予「空行密道」口訣，親蒙蓮花生大士授予「大圓滿蓮花心滴」口訣，再如親見八十四位印度大成就者、無量壽佛、彌勒佛、勝樂金剛壇城，亦具備著鑒知他心、過去、現在、未來三時之神通；全然威懾自心、外境，故能於堅硬石上如踩泥般，留下手足之印記，亦能於眾目睽睽之下，展現「奪舍法」令人油然生信等等，有著殊勝的解脫行傳。

後於火猴年藏曆九月三十，伴隨種種瑞相示現涅槃，荼毘後，出現天尊、文字等舍利。弟子眾多，最負盛名者，例如：唐棟嘉波、瘋行者竹巴昆雷、臧瘋嘿汝嘎，以及二堪布、二比丘、二上師、二證士、二布衣、一大咒士等等諸多成就者。

著作豐富，本書所提到的《中陰祈願文》、《大道歌》，皆是由其著作擷取而來。

國家圖書館出版品預行編目 (CIP) 資料

祕密瑜伽士的日常：國寶級西藏瑜伽士讓你照見最純善、最真實的心性 / 多傑仁卿喇嘛著 . -- 初版 . -- 臺北市：天商周出版：家庭傳媒城邦分公司發行，2020.09
面； 公分
ISBN 978-986-477-907-9(平裝)

1. 藏傳佛教 2. 佛教修持

226.965　　109012017

祕密瑜伽士的日常：國寶級西藏瑜伽士讓你照見最純善、最真實的心性

作　　者　多傑仁卿 喇嘛
責任編輯　徐藍萍
特約編輯　于蕙敏

版　　權　黃淑敏、翁靜如、吳亭儀
行銷業務　王瑜、周佑潔
總 編 輯　徐藍萍
總 經 理　彭之琬
事業群總經理　黃淑貞
發 行 人　何飛鵬
法律顧問　元禾法律事務所　王子文律師
出　　版　商周出版　台北市 104 民生東路二段 141 號 9 樓
電話：(02) 25007008　傳真：(02)25007759
E-mail：bwp.service@cite.com.tw
發　　行　英屬蓋曼群島商家庭傳媒股份有限公司城邦分公司
台北市中山區民生東路二段 141 號 2 樓
書虫客服服務專線：02-25007718　02-25007719
24 小時傳真服務：02-25001990　02-25001991
服務時間：週一至週五 9:30-12:00　13:30-17:00
劃撥帳號：19863813　戶名：書虫股份有限公司
讀者服務信箱 E-mail：service@readingclub.com.tw
香港發行所　城邦（香港）出版集團有限公司　香港灣仔駱克道 193 號東超商業中心 1 樓
E-mail: hkcite@biznetvigator.com　電話：(852)25086231　傳真：(852)25789337
馬新發行所　城邦（馬新）出版集團 Cite (M) Sdn Bhd
41, Jalan Radin Anum, Bandar Baru Sri Petaling, 57000 Kuala Lumpur, Malaysia.
Tel: (603) 90578822　Fax: (603) 90576622　Email: cite@cite.com.my

封面設計　張燕儀
印　　刷　卡樂彩色製版印刷有限公司
總 經 銷　聯合發行股份有限公司　新北市 231 新店區寶橋路 235 巷 6 弄 6 號 2 樓
電話：(02) 2917-8022　傳真：(02) 2911-0053

■2020 年 9 月 8 日初版
■2020 年 11 月 25 日初版 3.5 刷

城邦讀書花園
www.cite.com.tw

Printed in Taiwan

定價 380 元

 ISBN 978-986-477-907-9